두려운 것을 피하고, 바라는 것을 당기다

한국의 부적

한치선(타타오) 지음

작가의 말

부적은 예술이다.

부적은 신이 인간 세상에 전한 진귀한 문자 중 하나다. 부적에 뒤덮인 오래 묵은 녹과 먼지를 털며 이 책을 쓴다. 인간의 번잡한 욕망과 미혹의 늪에서 건져 올려 문화의 금자탑으로 회복시키려 한다.

예나 지금이나 사람들이 두려워하는 것과 바라는 것은 일맥상통한다. 그래서 부적의 종류는 크게 보면 건강, 성공(성취), 사랑(관계), 재난방지 등으로 나뉘고 그 안에서 아주 세세한 가지들로 뻗어 나간다. 부적의 종류를 살펴보면 인간의 심리와 삶의 형태를 객관적으로 파악할 수 있다. 부적의 모양 속에서 인간의 소원을 이루기 위해 하늘(신)의 힘을 어떻게 빌리는지 그 비밀도 엿볼 수 있을 것이다.

필자는 30여 년간 서예와 문자, 동양철학을 연구해 오면서 예술성과 신비한 순수성, 게다가 인류 친화적인 면까지 담고 있는 부적의 매력에 깊이 매혹되었다. 내면을 청정하게 닦고, 귀한 재료를 구해 정성 들여 종이와 안료를 만들고, 조심스러운 마음으로 신에게 인간의 바람과 메시지를 전달하는 작업, 이 얼마나 숭고한 일인가?

옛사람들은 하늘에 제사를 지내는 일을 굉장한 영광으로 보았고 신성한 것으로 여겼다. 단군 역시 제사장으로서 하늘에 제를 지낼 수 있는 아주 특별한 존재로 받들어 모셨다. 하지만 인간의 이기심과 타락한 도덕심이 하늘을 가리고, 보이지 않는 것은 존재하지도 않는다고 믿게 했다. 많은 사람이 샤머니즘 자체를 '불결한 것'으로 느끼게 된 것이다.

공포 영화에 부적이 단골 소재로 등장하는 것을 보면 마음이 참 아프다. 하지만, 이 또한 인간의 책임이며, 앞으로 우리가 풀어 나가야 할 숙제라고 생각한다. 부적은 인류의 삶과 발전, 그리고 슬픔과 절망을 아주 가까운 곳에서 지켜보고 늘 함께해 왔다.

이 책의 독자들에게 당부드린다. 부적이 단순한 돈벌이 수단이 되어 함부로 낭비되거나 그릇된 샤머니즘의 산물로 추락하지 않기를 바란다. 인간들이 뒤집어씌운 케케묵은 먼지를 털어내고 흉가에서 끄집어내어 전래예술 문화의 아름다운 표상으로 본래의 의미를 되찾기 바란다.

차례

01 부적이란 무엇인가?
부적의 유래 • 8
부적의 재료 • 9
부적을 대하는 마음가짐 • 12
부적에 쓰이는 글씨체 • 15
부적 작법 • 16
부적 보관법 • 17
부적의 유효기간 • 19

02 건강치병부
질병소멸부 • 22
건강치병부 • 24
심신안정부 • 26
심신안정부2 • 28
신도울루부 • 30
신도울루도지부 • 32
제동부 • 34
연수부 • 36
건강장수부 • 38
전염병방지처용부 • 40
동목부 • 42
동토부 • 44
종규부 • 46
생문신장부 • 48
천중부 • 50

03 목적달성부
소원성취부 • 54
원만부 • 56
순조부 • 58
소원성취대길부 • 60
성취여의부 • 62
성취부 • 64
성취부2 • 66
만사대길부 • 68
만사대길부2 • 70
백사대길부 • 72
실패예방부 • 74
자동속매부 • 76
매매속성부 • 78
만물속매부 • 80
득자부 • 82
생자부 • 84
가흥부 • 86
구령부 • 88
통령부 • 90
극락왕생바리공주부 • 92
방해제거부 • 94
관음성취부 • 96
관음소원성취부 • 98
개운부 • 100
개운부2 • 102
천상금계부 • 104
구운부 • 106
만사여의부 • 108
목적달성대길부 • 110
탐랑부 • 112
춘계대길부 • 114
하계대길부 • 116
이월생대길부 • 118
팔월생대길부 • 120
구월생대길부 • 122
시월생대길부 • 124
천강청쉬부 • 126

04 사랑·관계부
귀인부 • 130
애경부 • 132
애경부2 • 134
인연부 • 136
총애부 • 138
연삼부 • 140
우연부 • 142
후정부 • 144
인덕만복부 • 146
애정부 • 148
심령안정부 • 150
후연부 • 152
정통부 • 154
수나비부 • 156
암나비부 • 158
단교부 • 160
이별부 • 162
부부화합부 • 164
부부화목부 • 166
부처화목부 • 168
혼액살제거부 • 170
부부소통부 • 172
건심안부 • 174
곤풍방부 • 176
여파가부 • 178
남파가부 • 180
건융화합부 • 182
부부불화부 • 184

부부합심정부 • 186
가내화합부 • 188
부자화합부 • 190
부자화목부 • 192
이첩부 • 194
방풍부 • 196
연가화합부 • 198
흥재외성화합부 • 200
계모명부 • 202
진랑신부 • 204
권태방지부 • 206
고대부 • 208
부대부 • 210
자손화합부 • 212

05 이사안택부
이사안택부 • 216
이사안택부2 • 218
진택평안부 • 220
천룡승천부 • 222
비천상부 • 224

06 재난방지부
삼재부 • 228
삼재부2 • 230
살풀이부 • 232
재액불입부 • 234
도액부 • 236
관재구설소멸부 • 238
관재부 • 240
선신수호부 • 242

구천현녀부 • 244
사고방지부 • 246
압사부 • 248
제신가호부 • 250

07 직장사업부
취직부 • 254
조관부 • 256
호직부 • 258
채용부 • 260
이관부 • 262
승진인왕부 • 264
윗분인기부 • 266
진심부 • 268
경영부 • 270
도깨비대길상 • 272
사업흥왕부 • 274
번영부 • 276
순조경영부 • 278
광명부 • 280

08 풍요재물부
조왕각시부 • 284
조왕할배부 • 286
조왕부 • 288
용왕재수부 • 290
득재부 • 292
기전부 • 294
관록지공부 • 296
금은자래부 • 298
빈곤해소부 • 300

빈곤해방부 • 302
손재방지 • 304
금전환부 • 306
가명부 • 308
부귀부 • 310
부귀쌍전부 • 312

09 학업성취부
공부원조부 • 316
학업성취부 • 318
족집개부 • 320
합격부 • 322
대학합격부 • 324
운전시험합격부 • 326
시험살풀이부 • 328

10 혼융종합부
황금재물돈재부 • 332
산왕호재부 • 334
신농여의부 • 336
신농만복부 • 338
신농풍요부 • 340
옥추구령부 • 342
오뢰부 • 344
산왕신대길상 • 346
지혜애정안락부 • 348
타라만복부 • 350
자동방호부 • 352
칠성부 • 354
적갑부 • 356
만사형통신왕대길상부 • 358

부적은 문자와 그림을 섞어놓은 듯한 형상을 취한 것이 대부분이지만 쓴다 혹은 그린다는 표현보다는 '내린다'라고 한다. 그것은 하늘로부터, 신으로부터 '내려받는다'라는 의미이다. 종이에 주술적 의미를 담은 것은 부적(符籍), 물체에 담은 것은 부작(符作)이라고 하는데 현대에는 아무래도 간편한 종이 부적이 대세를 이루고 있다.

부적은 첫 번째로 두려운 것을 피하고, 두 번째로 바라는 것을 당

01 부적이란 무엇인가?

기기 위해서다. 나쁜 귀신이 재앙을 불러온다고 보았기 때문에 그것을 물리치는 것을 벽사(僻邪)라 하였고, 조상이나 선신이 복을 주신다고 믿었으므로 그것을 기원하는 것을 기복(祈福)이라 했다. 그러므로 큰 범주로 보면 부적은 '벽사 부적'과 '기복 부적'으로 나눠진다. 물론 인간은 항상 더 많은 것을 원했기에 그 두 가지를 혼합한 부적도 만들어졌다.

부적의 유래

부적의 역사는 얼마나 되었을까?

▷ 울산 반구대 암각화

▷ 송하호작도

기록해 둔 바는 없지만 추정은 가능하다. 부적은 인간의 두려움과 집착에서 유발된 것이기 때문에 아득한 유래를 두고 있을 것이다. 지금의 부적과 같이 노란 괴황지에 문자와 그림이 배합된 형태가 아니더라도 인간의 염원과 바람이 담긴 상징은 아주 고대에서부터 찾을 수 있다. 인간은 두려워하는 소재보다는 간절히 원하는 것을 새기고 그려왔다. 고래, 사슴 등 갖가지 수확물을 바위에 새김으로써 풍요를 기원했다. 원하는 것을 그려서 당긴다. 이것은 인간 본연의 지혜이며, 본능에 가까운 것이었음을 알 수 있다.

조금 더 근대로 와서 보자면 동양화 역시 부적의 일종으로 볼만하다.

그림 속 주인공들은 실제 그 대상이라기보다는 하나의 상징으로써 표현된 경우가 많았기 때문이다. 호랑이는 산신령을 뜻하고, 까치는 소식을 전해주는 메신저이며, 잉어는 풍요를, 게는 갑(甲) 즉 시험 합격의 의미가 있었다. 떡살이나 와당 무늬, 한복의 금박처럼 다양한 곳에서도 장수와 풍요 등 인간의 기원을 담은 상징을 쉽게 찾아볼 수 있다.

이처럼 인간의 문명이 발전함에 따라 부적 또한 하나의 문화와 예술로서 그 장대한 흐름을 함께 해왔다.

부적의 재료

▷ 괴황지

종이(괴황지)

일반적으로 부적에는 노란빛이 나는 괴황지(槐黃紙)를 쓴다. 황색은 광명을 상징하기에 악귀들이 가장 싫어하는 색이라고 보았다. 괴황지는 회화나무의 꽃과 열매로 만드는데 회화나무를 뜻하는 괴(槐)자는 글자의 모양대로 '귀신 쫓는 나무'라는 뜻이 있다. 그래서 예로부터 궁궐 등에서 잡귀의 교란을 막기 위해 이 나무를 많이 심기도 했으며, 부자들은 집 벽의 초배지를 이 비싼 괴황지로 하기도 했다. 요즘은 색이 비슷한 치자로 물들인 노란 화선지 등을 대신 쓰기도 하지만 원칙을 고수하려는 부적 작가들은 고가(高價)라도 반드시 괴황지를 쓰며, 직접 만들기도 한다.

● 괴황지 만드는 법
음력 칠월칠석에 따서 말린 괴화(槐花)를 물에 담가 노란 색소를 우려내어 동짓달에 양질의 닥종이에 물을 들인다. 이렇게 담갔다가 말리기를 아홉 번 반복하는데 아홉이라는 숫자에는 끝없이 정성을 기울인다는 의미가 있기 때문이다. 마지막 물들이는 시간은 반드시 동짓날 자시(밤 11시~새벽 1시)여야 한다. 종이에 따라 괴황지의 색깔은 미색부터 진한 노란빛까지 다양하게 나올 수 있다. 회화나무 열매를 찧어서 우려낸 물로 만들기도 한다. 경신일이나 계해일, 시간은 경신시, 계해시에 만들어야 한다고 전해온다.

▷ 경면주사

안료

부적의 안료는 특별히 붉은빛을 쓴다. 그 대표성을 띠는 것이 바로 경면주사(鏡面朱沙)이며 귀신(음기)을 쫓고 질병을 물리치는 강한 기운을 가지고 있다.
주술적 의미가 담긴 닭의 피로 쓰기도 하지만 그 빛깔과 유사한 원석인 계혈석(鷄血石)을 갈아 안료를 만들기도 한다.
경면주사는 정신의 불을 조절하고, 계혈석은 육체의 불기운을 조절한다고 한다. 그래서 경면주사를 쓰는 부적은 벽사(辟邪)의 힘이 강하고, 계혈석을 사용하면 원기를 강화하는 의미로 그 용도가 약간 다르지만 일반적으로 부적 작가들은 경면주사를 많이 쓰는 추세다.
그리고 지금은 대부분 붉은 안료만 알려져 있는데 원래 먹 부적이 더 오래되었다. 후대에 전령들이 붉은색을 불로 느껴 두려워한다고 보아서 붉은 안료가 많이 쓰이게 된 것이다.

● 이 책에서는 일률적인 노란 괴황지와 붉은 경면주사 안료에 국한되지 않고, 다양하게 제작된 부적들을 소개하였다.

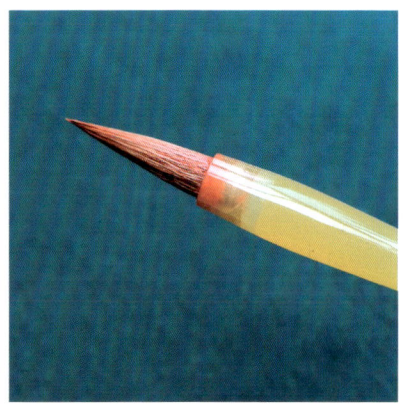
▷ 쥐 수염 털붓

붓

부적에 사용하는 붓은 생명성이 없는 인조모는 피하는 것이 좋다. 그래서 쥐 수염털, 족제비 털, 여우 털 등을 주로 쓰며 동물의 털이 탄력이 좋고 잘 모아지는 이점이 있다.

기름

경면주사는 가루 형태이므로 그것을 기름에 섞어서 안료를 만들어 쓴다. 이때 참기름을 쓰기도 하고, 산초를 압착한 기름을 쓰기도 하는데 잘 만들어진 산초기름의 경우 한 병에 15만 원가량으로 꽤 고가에 판매되고 있다.

부적을 대하는 마음가짐

부적을 직접 내리고 싶은 사람과 부적의 효과를 보고 싶은 사람이 있을 것이다. 부적을 소개하기에 앞서 마음가짐을 언급하는 이유는 신성한 작업에 불순한 의식을 제거하기 위해서이다. 앞서 설명했듯이 부적은 예로부터 원하는 것을 당기고, 두려운 것을 피하기 위한 것에 목적이 있었으므로 자칫하면 삿되고 이기적인 방향으로 흘러가기 쉬운 의미가 있다. 많은 이들이 부적을 보면 뭔가 꺼림칙하고 무서운 느낌을 받는 것에는 그런 삿된 마음으로 부적을 내린 이와 이기심으로 부적을 사용한 이들의 공동 책임이 있다. 그렇다면 원하는 것을 이루면서도 이기적이지 않은 마음을 낸다는 것은 어떤 것일까? 구체적인 예를 들어 살펴보겠다.

부적 의뢰인(소지자)의 마음가짐

많은 이들이 주로 삶이 고되고 힘들 때 부적을 의뢰하곤 하는데 그런 경우 부적에 의존하려는 경향이 크다.

하지만 부적을 내 인생의 안내자, 선봉장이 되게 하려는 생각은 매우 위험하다. 나의 주된 의식을 명확하게 한 상태에서 보조적인 수단으로 부적을 소지해야 한다. 또한 인간에게는 세세생생 쌓여온 업력이 있고 그것을 조금씩 갚아야 할 의무가 있다는 것을 기본적으로 알아두면 좋다. 즉 좋은 일만 일어나고 나쁜 일은 조금도 일어나지 않았으면 하는, 이러한 소원은 애초에 우주의 이치에 맞지 않는다는 것이다. 부적을 쓴 후에 잘 풀리고 좋았다가 갑자기 고꾸라지거나, 내가 재앙을 피하는 대신 내 가족이 그 업력을 대신 받아 쓰러지는 경우가 있다. 그렇기에 소원은 함부로 빌어서는 안 되는 것이다.

부적을 내 삶에 어떻게 적용할 수 있을 것인가? 바르고 좋은 마음을 담은 부적은 좋은 효과를 낼 수 있다. 가령 수능을 앞둔 학생이 "난 공부 안 해도 다른 애들 제치고 좋은 대학 가고 싶어요."라는 심보를 낸다면 하늘(신)에서 보기에 괘씸죄에 해당

한다. 들어주려야 들어줄 가치가 없는 소원인 것이다. 같은 경우라도 "난 최선을 다해 공부하겠지만 각성력, 인내력, 의지력을 더 키우는 데에 도움을 받고 싶어요." 이런 소원이라면 부적이 얼마든지 도움을 줄 수도 있다. 하늘은 스스로 돕는 자를 도우며, 최선을 다하는 이에게 기회를 주기 때문이다.

다른 일례로 고부갈등이 있는 경우 며느리와 시어머니가 쌍방 간에 쓰는 부적이 있는데 이때 며느리의 마음가짐은 어때야 할까? 시어머니가 빨리 단명하길 바란다면 도움은커녕 재앙을 부르는 저주의 업보가 고스란히 자신에게 다가온다. [고부화합부]를 쓸 결심이 섰다면 어떻게 해서든 이 관계를 좋게 바꾸겠다는 커다란 마음과 의지가 필요하다. 내 입장보다는 상대방의 입장을 먼저 고려해 보고, 상대가 나에게 어떻게 하든 나는 나대로 최선을 다하는 것이다. 진정으로 그런 선의를 내는 이의 마음은 하늘이 알아주지 않을 수 없다. "진인사대천명(盡人事待天命)-최선을 다하면서 하늘의 뜻을 기다린다." 이것이 부적 소지자의 기본 마음가짐이며 일정 기간이 지나면 어느새 서로 귀인이 되어있을 것이다.

이때 부적은 도대체 무얼 하고 있는 걸까? 부적은 신에게 요청을 전달하고 신들의 시선을 모아주는 역할을 한다. 착하고 좋은 마음으로 손을 내밀었든, 못되고 이기적인 마음으로 손을 내밀었든 그것에 상응하는 신이 당신의 손을 잡을 것이다. 그렇기에 부적이 좋게 쓰일지, 또 다른 재앙의 문이 될지는 부적을 내리는 이와 특히 부적을 쓰는 이의 마음가짐에 달려있다는 것을 반드시 명심해야 한다.

부적을 내릴 때의 마음가짐

부적을 내릴 때는 원래 주역 점을 쳐서 택일하고, 부적을 내리는 이와 사용할 이가 모두 목욕재계를 하여 몸과 마음을 깨끗이 해야 한다.

전통적인 방법으로는 동쪽을 향하여 정수(淨水)를 올리고 이를 딱딱딱 세 번 마주친 후에 주문을 외우곤 했다지만 현대에 그 의미를 이해하지 못한 채로 답습할 필요는 없다고 본다. 다만 청정하고 바른 마음을 가지는 것만은 부적 작가와 사용할 이 모두에게 적용되어야 할 것이다. 부적은 신에게 인간의 요청을 전하는 도구이지만 마음이 깨끗하지 못한 상태로 이런 작업을 하면 저급한 잡신의 개입이 있을 가능성이 크다. 일반적인 사람들의 소원을 낱낱이 풀어보면 '나는 잘되고, 남은 잘 안되는' 소원인 경우가 많다. 그런 소원을 가진 사람들 수백, 수천 명이 용하게 소원을 이루어 준다는 곳에 가서 간절히 기도하면 위대한 신이 깃들어 모든 이의 원하는 바를 이루어 줄까? 보통 그런 곳에는 인간보다 수준이 낮은 저령이 깃든다고 한다. "천 년 묵은 여우"라는 표현은 많이 들어보았을 것이다. 이것은 여우 같은 사람을 비유적으로 이르는 표현으로 굳어졌지만 실제로 그런 존재가 있다고 한다. 천 년 묵은 여우, 뱀, 족제비 등의 영혼은 인간의 염원과 진귀한 에너지를 먹고 그 대가로 때때로 소원을 이뤄 주기도 한다. 쌓인 세월만큼 어느 정도 공력은 갖추었기 때문이다. 하지만 인간이 그런 저령들의 힘을 빌리고 귀중한 에너지를 내어주어서야 되겠는가?

부적을 내릴 때 조심해야 할 것은 유위(有爲)적인 마음과 추구심이다. 아무리 직업이라 할지라도 이 과정에서 내 이익만 떠올리거나, 되지 않을 것을 억지로라도 끌어당기겠다는 마음이 들어가면 안 된다. 부적 작가의 마음은 공심(空心)이어야 하며 무위(無爲)의 자세여야 함을 잊지 말아야 한다. 그래서 부적은 고요한 시간, 조용한 공간에서 기도한 후 내리는 것을 권장하는 것이다.

부적에 쓰이는 글씨체

▷ 大盂鼎(대우정), 전서체

부적에 주로 쓰이는 전서(篆書)체는 약 3,000년 전에 만들어졌다. 가장 오래된 갑골문(甲骨文)과 금문(金文)을 포함하면 3,500년 전까지 거슬러 올라간다.

전서를 부적에 주로 쓰는 이유는 그 서체가 가장 원초적인 생명의 상징이기 때문이다. 즉 변형되고 인간의 사념이 섞이기 이전의 가장 순수한 상태의 문자가 바로 이 전서체이다. 그래서 하늘(신)에게 원하는 바를 전달하고 또 내려 받기에 가장 좋은 언어로써 애용되는 것이다.

물론 모든 부적에 전서체가 쓰이는 것은 아니지만 전서체만 보아도 많은 이들이 부적을 떠올리는 걸 보면 꽤 높은 비중을 차지하는 듯하다. 필자는 40년 가까이 서예를 하고 또 문자에 대해서도 연구해 왔기에 부적의 아름다움과 그것이 지닌 힘에 대해 더 통감하고 있다.

부적 작법

부적은 상당히 많은 경우 무속인 사이에서 전래되고 있다. 그래서 신을 받아 일필휘지로 써 내리는 것이 미덕이라고 보는 경향이 있는데 반드시 그래야만 하는 것은 아니다. 앞서 여러 번 언급했듯이 부적은 가급적 인간의 사념을 담지 않아야 하며, 혹시나 저령한 신의 개입을 허락한다면 오히려 악영향을 줄 수 있기 때문이다.

본서에는 예로부터 사람들의 입과 손을 타고 대대로 쓰여 온 유서 깊은 부적들을 한데 모아 정리해 두었다. 이러한 부적은 그 자체로 염원의 성질을 띠고 있으며 이렇게 살아 남아 우리에게까지 전해져 온 데에는 그만한 이유가 있을 것이다.

부적을 내리고자 하는 이는 본서에서 소개한 부적들을 먼저 눈으로 찬찬히 살피고 내포된 뜻을 잘 음미하길 바란다. 또한 섣불리 부적을 내려 성과를 보려는 성급한 마음을 삼가고 내면을 청정하고 고요하게 닦는 것이 반드시 우선되어야 한다.

충분한 준비가 되었다면 수록된 부적을 스캔하여 인쇄해 두고 그 위에 투명한 아크릴판 등을 대어 투과된 선을 따라 연습해 나가면 된다.

부적 보관법

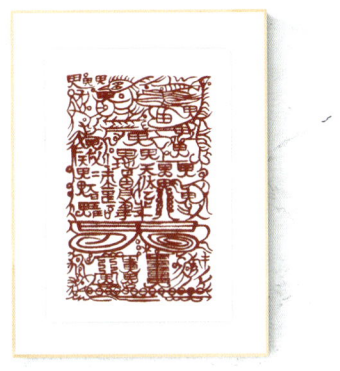

▷ 적갑부 액자

부적은 보통 봉투에 넣어 보관하거나 용도에 따라 지갑이나 베개 등에 넣어서 보관한다.

또 책상이나 장롱 아래에 붙여 두기도 하는데 요점은 남의 눈에 띄지 않게 한다는 것이다. 부적을 숨기는 것에는 몇 가지 이유가 있는데, 우선 하나는 내 소원을 동네방네 드러내는 것이 민망해서이다. 예를 들어 남편의 바람기를 제거하는 부적을 쓰거나, 과장으로 승진하길 기원하는 부적을 쓴다고 했을 때 그것을 노골적으로 드러내는 것이 좋아 보이지 않을 수 있다.

또 한 가지 이유는 일반인들이 생각하기 어려운 부분인데 부적 작가의 예술적 소양이 부족한 경우가 많기 때문이다. 부적을 내리는 대부분의 사람은 전문 예술인이 아니기 때문에 붓이나 주사를 다루는 실력이 정밀하지 못하다. 그런 것을 남들이 볼 수 있는 곳에 걸어 둔다면 아마도 좋은 평가가 돌아오기는 어려울 것이다. 그래서 부적에 사람의 이런저런 말과 이념이 달라붙으며 흔히 알려졌듯이 기운이 세 나간다고 하는 것이다.

하지만 작가의 필력이 훌륭하고 미학적으로도 아름다운 부적이라면 드러내는 것도 좋다고 본다. 부적은 무조건 숨기고 쉬쉬해야 할 흉측한 것이 아닌, 분명한 하나의 문화이자 예술이기 때문이다.

▷ 하동 운암영당 최치원 초상(출처: 국가유산청)

앞쪽의 [적갑부]는 대학자이자 신선도를 공부했던 고운 최치원 선생의 부적을 필자가 모사한 것이다. 이처럼 사상의 깊이가 심오하고 고급스러운 부적이라면 걸어둘 만하지 않겠는가?

다만 그 부적의 목적까지 공개하지는 않는 것을 권장한다. 부적은 말하자면 신전문화(神傳文化)의 일종이다. 신전문화란 신이 인간에게 전해준 문화라는 뜻이다. 부적이 인간에게서 시작된 것이라면 우리는 모두 부적의 기기묘묘한 획에 담긴 의미를 해석해 낼 수 있을 것이다. 하지만 부적의 내용과 기제는 매우 추상적이며 인간의 지식을 넘어선 신비로움을 품고 있다. 부적은 어째서 인간이 해석할 수 없는 형태로 디자인된 것일까?

신과 하늘의 일을 인간이 공공연하게 떠들어대면 그것은 천기누설(天機漏洩)을 하는 것으로 엄격히 금하고 있다. 그러니 부적을 대하는 사람은 그 모든 시스템과 메커니즘을 다 파악하려 할 필요가 없다. 그저 이 안에 담긴 신묘한 에너지를 믿으며, 부적에 인간의 사념을 덧붙이지만 않는다면 좋을 것이다.

부적의 유효기간

▷ 타라만복부

▷ 신농만복부

부적의 시효는 대개 1년이다. 그 이유는 1년마다 기운이 바뀐다고 보기 때문이다. 그렇다면 매년 새롭게 부적을 써야 하는 것일까?

관계부, 건강부, 직장사업부, 이사안택부 등 일반 부적은 그 목적 또한 평생이 아닌 일시적인 경우가 많다. 심지어 며칠 안에 일이 해결된 경우라면 부적의 쓰임은 그 며칠 안에 끝날 수 있는 것이다. 그렇기에 일반 부적의 유효기간은 대략 1년으로 잡는 것이 보통이다. 하지만 종합부의 경우 애초에 특별한 단기적 목표를 위해 내린 것이 아니므로 유효기간을 두지 않는다. 대체로 종합부는 크기도 크고, 일반 부적에 비해 훨씬 더 많은 정성을 들여야 하기에 그 생명성도 더 오래 유지된다고 보는 것이다.

사용기간(1년)이 다했거나 효험을 보아서 필요 없어진 부적은 불에 소각하여 처리하며, 태우고 난 재는 흙을 약간 파서 묻는다. 묻기 곤란한 경우에는 깨끗한 종이나 화장지에 싸서 휴지통에 버려도 무관하다. 부적을 넣어두었던 봉투도 함께 버리면 된다.

사람이 육신을 입고 있는 한 가장 골치 아픈 것이 병이며 노화이다. 그래서 건강치병부가 존재하고 그 안에는 질병 소멸부터 심신 안정, 전염병 방지 등 세부 항목이 있다. 고대로부터 질병도 역신(疫神)이 하는 일이며 인간사에 꼭 필요해서 존재한다고 보았다. 무수한 생을 살아온 우리에게는 수없이 쌓여온 업력이 있으니, 그것을 갚는 방법으로 흔히 드러난 것이 질병이라고 보았던 것이다. 이런 이해

02 건강치병부

가 있다고 해도 병은 두려운 것이 기에 부적의 도움을 받아 무사히 잘 넘길 수 있기를 바랐던 것이 아닐까? 이제부터 '건강치병부'를 몇 가지 살펴보며 그 의미도 함께 풀어보겠다.

●   질병소멸부

질병이 침범하지 못하게 하는 부적이다.
거북은 장수의 상징이자 인간에게 친화적인
동물로 거부감 없이 부적에 쓰였다.
거북의 단단한 등껍질에 평안(平安) 등이
고대문자로 들어가 있으며, 좌우 하단에는
'옴'이라는 범자 진언도 써서
그 힘과 파동을 부적 안에 넣었다.

●   심신안정부

예로부터 병은 단지 세균이나
바이러스를 원인으로 보지 않았다.
심신이 조화를 이루고 안정되어야
몸도 건강해진다고 믿었다.
상단에 鬼(귀)가 있고
좌우에는 슈(령)이 있다.
그 아래로 음양(陰陽)이 있고
남녀(男女)가 있으며, 일월(日月)이 있으니,
모두가 조화를 이뤄 심신의 안정과
기쁨(喜)을 얻고자 했다.

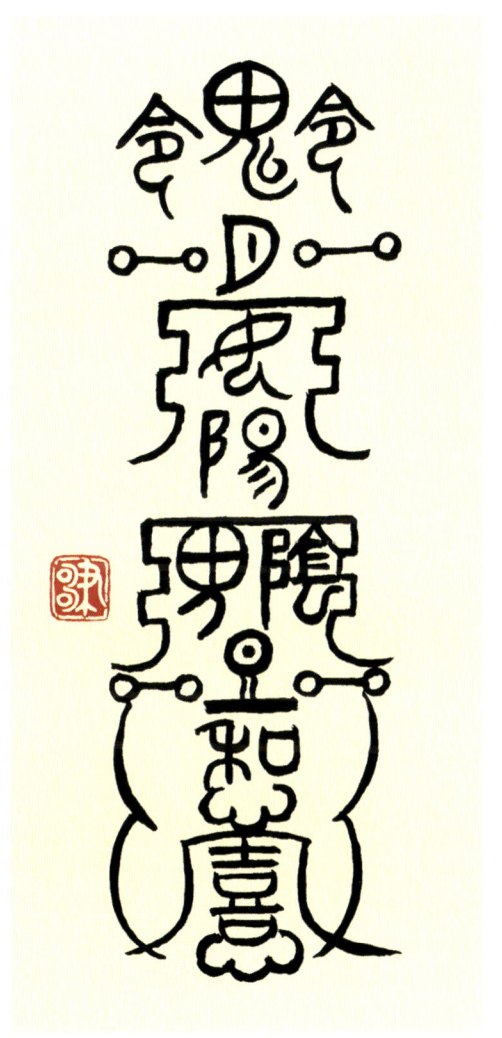

●   심신안정부2

심신안정부로
재료의 쓰임과 작가에 따라
달라지는 개성이 볼만하다.
24쪽의 부적과
내용은 거의 동일하다.

신도울루부

신도(神荼)와 울루(鬱壘)는
도깨비인데 주로 문을 지킨다.
조선시대에 입춘이 되면
관상감(천문, 지리, 기상을 기록하던 관청)은
두 도깨비의 이름을 빨간 글씨로 써서
문설주에 붙였다.
불길한 것들은 문을 통해 들어오므로
부적으로 문을 지키고자 한 것이다.
신도, 울루의 그림을 넣는 경우도 있지만,
이름만 적어도 그 효능은 같다.

신도울루도지부

桃枝(도지)라는 것은
복숭아나무 가지를 뜻한다.
도지는 양기가 강하여 음신이 두려워하는데
그 가지 끝이 동쪽을 향하면
극강의 양기가 나온다고 한다.
신도, 울루와 도지부는 따로 쓸 수도 있고
이와 같이 융합하여 쓰기도 했으니,
이것이 부적 간의 오묘한 조화다.

방상시부

'방상시'는 악귀를 쫓는 고대의 신으로
원래 '제 멋대로 생긴 사람'이라는 뜻이 있다.
중국의 상나라, 주나라 때부터 나례라는 의식을 행했는데
귀신을 놀라게 하려고 가면을 썼고, 그 눈이 각 4개씩이다.
검은 저고리에 붉은 치마는 음양을 표현한 것이며,
방상시가 남녀로 구성된 것 역시 음양의 조화를 뜻한 것이다.
우측 아래의 고대서는 칙령(勅令)이니 왕의 명령을 뜻한다.
왼쪽 인장은 3,000년 전 문자로 덕(德)이다.
만 가지 좋은 것의 바탕이 덕이기 때문이다.

●   제동부

어디서든 텃세를 부리는 귀신이 있을 수 있다.
그로 인해 이런저런 사고를 만나기도 하는데
그런 움직임을 미리 제거해 주자는 부적이다.
내용을 보면 '옴(대표적 진언으로 고층차의
세계를 진동시키는 힘이 있다고 한다.)' 자와
칙령을 내리면서 여러 가지 사안에 대해
무사히 통과하도록 요청하는 내용이다.

연수부

연수부는 수명을 연장되게 해달라고
비는 부적이다.
해와 달, 별, 그리고
그 사이 존재하는 신들에게
연명을 요청하고 있음이 실감 나게 느껴진다.

건강장수부

연수부와 같은 의미의 부적인데
그림이 주를 이루며, 좌우에는
네 가지 무병장수를 비는 부적문이 있다.
학은 동물 중 천년을 산다고 하여
장수의 심볼일 뿐 아니라
우아한 자태로 인해 신선도의 한 상징이다.
학이 물고 있는 연밥은 탐욕에 물들지 않는
청정한 마음을 의미하는 것이니
오래 살고자 하면 욕심을 줄이고 또 줄이라는
묘안이 이미 부적 속에 담겨 있다.

전염병방지처용부

옛날 처용의 아내가 집에서 혼자 자고 있었는데
평소 처용을 시험해 보고자 했던 역신(疫神)이
섬돌에 자기 신발을 벗어놓고 이불 밖으로는
아내의 발 옆에 남자 발을 보이게 함으로써
마치 그의 아내가 부정을 저지른 것처럼 연기했다.
그것을 본 처용은 마음을 비우고 노래를 부르면서 춤을 추었는데
감복한 역신이 처용에게 절을 하며 앞으로 그의 이름이나
형상이 있는 곳에는 얼씬도 하지 않겠다고 약조했다.
그로부터 사람들은 역신을 막는 방법으로
처용부를 쓰고 처용의 행사를 한다.

● 동목부

벌목하거나 목수 일을 하는 사람이
목신과 충돌하지 않도록 막아주는 부적이다.
나무 한 그루를 베더라도
옛사람들은 마음속으로 목신에게 양해를 구하고
조심스러운 마음으로 임했다.

동토부

토목이나 건축 일을 하는 이들이
토신과 충돌하지 않도록 막아주는 부적이다.
땅을 함부로 파헤치거나 못을 함부로 박지 말며
위치를 바꾸는 일에도 사려가 있어야 하고,
움직임에 피해받지 않기를 바라는
조심스러운 마음이 필요하다.
부적은 그런 섬세한 마음이 있는 이에게
도움을 주는 도구로 쓰였다.

●   종규부

종규라는 인물은 당나라 덕종 때
과거시험을 보아 장원 후보에 올랐으나
그의 추한 외모 때문에 반대가 분분했다.
그는 반대하던 간신을 때려눕히고 그 자리에서 자결했는데
그 한 성질 덕분에 후대 사람들이 나쁜 귀신과
병마를 쫓는 데에 종규부를 썼다고 한다.
박쥐를 몰고 다니는 종규는
지금도 중국에서 매우 사랑받는 존재이며,
우리나라로 치면 전우치와 비슷하다.

● 　　　　　　생문신장부

병이나 재난으로 인해
생(生)과 사(死)의 갈림길에 있을 때
생문신장에게 도움을 청하는 부적이다.

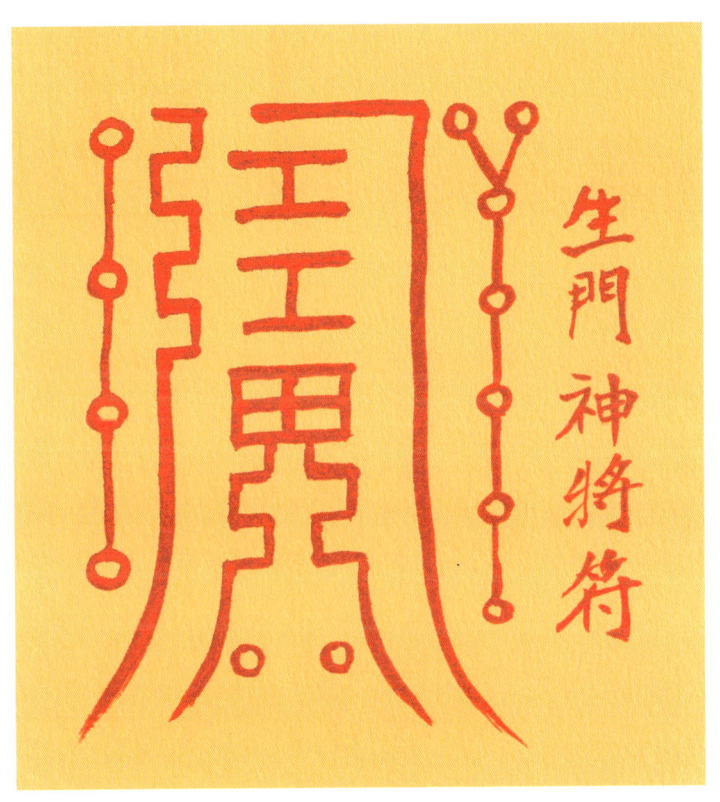

●   천중부

옛사람들은 치우천왕을 전쟁의 신이라 하여
존경하면서도 두려워했다.
그래서 그의 형상을 부적에 도입하고
글귀를 넣어 삿된 기운을 쫓고자 했다.

인간은 사는 동안 끊임없이 어떠한 목적을 가지고 그것을 성취해 나가는 존재인지도 모르겠다. 성공하길 바라고, 건강하길 바라며, 사랑과 각종 명예도 얻기를 바란다.

03 목적달성부

'목적달성부'는 그러한 인간의 소원들이 담겨있기에 그 종류도 참 다양하다.

소원성취부

부적에서 '밭 전(田)'은 생산의 원천을 의미한다.
그리고 귀(鬼)자의 변형도 자주 들어가는데
보이지 않는 세계의 신조(神助)를 요청하는 것이다.
작은 동그라미는 주로 별을 상징하며
그 별들을 연결시킴으로써
역시 도움과 소통, 협력의 의미를 담게 된다.
부적에서의 궁(弓)자는 활이라는 의미보다는
에너지의 움직임, 그 진동을 뜻한다.

●   원만부

만사가 원만하게 잘 풀리기를 바라는 부적이다.
상단에 있는 3개의 표시는 천지인(天地人),
음양중(陰陽中)을 의미하며
이것은 동양학 이론의 근간이다.
즉 원만하기를 바란다면 매사에 극단에 치우치지 말고,
담담한 중용을 이루어야 함을 내포하고 있다.

●   순조부

하는 일마다 순조롭기를 바랄 때 쓰는 부적이다.
맨 위에 사각형 다섯이 있는데 가운데 사각형이 조금 크다.
동양학에서 5란 숫자는 오행(伍行)을 뜻한다.
그중 목, 화(木, 火)는 양(陽)의 기운이며,
금, 수(金, 水)는 음(陰)의 기운을 대변한다.
그 가운데에 중용, 중화, 숙성의 에너지가 있어야 하니
바로 토(土) 기운이다. 토(土)는 모든 치우침을
제어하기에 오행의 왕이라 할 수 있다.
하단에는 길(吉), 방(放)이 쓰여 있는데
상서로운 방향으로 모든 게 풀리라는 의미이다.

●   소원성취대길부

별들이 늘어서 있는데 그것을 천신으로 본다.
과거에는 인간계에서 위대한 존재들을 신으로 봉해
별과 그 세계를 다스리도록 하였다고 한다.
중간에는 영귀(靈龜)라는 문자를 넣었다.
디자인적으로도 참 아름다운 부적이다.

성취여의부

모든 일이 뜻대로 이루어지며
특히 소원하는 일이 이루어지게
도와주는 부적이다.
일필(一筆)로 긴 곡선을 그렸으며
이때 기운의 이어짐이 중요하다.
이런 것은 소위 신이 내려서
한 번에 써 내려가는 기법으로
부적에서 자주 쓰이는 한 유형이다.

●   성취부

尸(주검 시)는 부적에서 사람을 뜻하며
사람이 귀신(鬼) 혹은 신과 합심하여
바라는 바를 성취한다는 의미가 담겨 있다.

성취부2

상단에 별신들이 무엇인가를 보호하고 있는
모습이다. 그만한 보안과 보호가 필요하다는 뜻이다.
주변에 많이 알려야 좋은 소원이 있고,
드러내지 않아야 좋은 소원이 있으니
잘 판단해서 써야 한다.

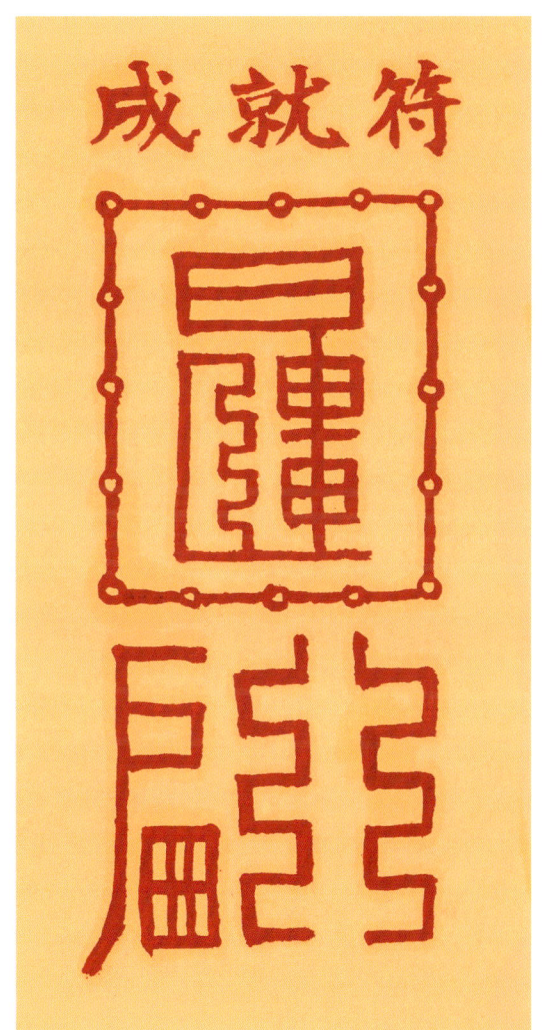

● 　　　　　　만사대길부

만사가 대길하기를 바라는 부적으로
중첩된 원을 그리는 것은 기운을 증폭시키는 힘이
있는 것으로 부적에서 애용되는 필법이다.
원이 이어지다가 合(합)을 이루었으니
합당하게 하라는 뜻이며
하단에는 나쁜 것을 막아준다는 의미의
阝(언덕 부)와 鬼(귀)가 들어있다.

●   만사대길부2

같은 용도의 부적이라 할지라도 작가에 따라
이 부적처럼 다르게 표현될 수도 있다.
하단의 글자는 天(하늘 천)의 고대 문자이다.

●   백사대길부

백사대길이 만사대길보다 작은 것이 아니다.
한자에서 주로 萬(만)은 '많다'는 뜻이고,
百(백)은 '모든'이라는 의미가 있다.
唵勅(옴칙)이라 써 있고, 중간에는 만사대길과
회전하는 우주의 힘이 들어있다.
하단에는 吉(길할 길)과 鬼(귀)로 마무리했다.

●   실패예방부

성공이 중요하지만, 실패만 하지 않아도
절반의 성공이라 할 수 있다.
이 부적에는 수많은 별이 등장하는데
별신들의 유기적인 도움을 받고자 하는 것이다.
우측 하단에는 '팔구공미병풍'이라고 쓰여 있는데
정확한 뜻은 밝혀진 바 없다.

●   자동속매부

부동산이나 물건 등이
빨리 매매되게 해달라는 부적이다.
여기에는 天王(천왕)들이 보이고, 鬼(귀)가 있으며,
移(옮길 이)와 開(열 개)가 들어 있다.
또 좌우에는 力(힘 력)이 보좌하고 있다.

●   매매속성부

별(천신)들의 가호가 빛나고,
왕들이 영을 받들고 있으며
신령스러운 힘으로 매물이 원만하게
이동되도록 표현하고 있다.

● 　　　　　　만물속매부

특정 물건이나 땅 등이 아닌
다양한 물건을 파는
직종에 어울리는 부적이다.

득자부

자식을 낳게 해달라는 부적이다.
부적 속에 자식이 여섯이나 있어
아주 다복해 보이는데
이것은 상징적인 숫자이다.
맨 하단에 있는 心(심)자는
간절한 마음을 표현한 것이다.
예전에는 아들을 낳고자 子(아들 자)자를 썼지만
딸을 원한다면 女(여자 여)로 대체해도 무방하다.

● 　　　　　　　　생자부

자식이 생기게 해달라는 염원의 부적인데
따스한 그림이 중심에 있어 더욱 눈길을 끈다.
사람의 눈길을 끌면 신의 시선도 끈다고 보기에
이런 그림 부적은 힘이 강하다.
주변을 두른 문자들은 子(자), 天神(천신), 鬼(귀) 등이다.
즉 자식이 생기는 것을 신들께서 이뤄 주길 바라는 의미이다.

가흥부

쇠락해 가는 집안이
융성하게 일어나길 바라는
마음이 담겨 있다.
위에 勅令(칙령)이 있고
아래에는 햇살(日)이 가득하다.

● 구령부

구령부는 영을 구하거나 일깨운다는 의미이기 때문에
상당히 정신적인 측면의 부적이다.
많은 별빛 속에 日月(일월)이 세 차례나 들어있는데
이것은 明(밝을 명)을 이루므로 밝은 의식을 찾으라는 뜻이다.
이 부적은 주로 가족 중 정신적인 병이 있는 경우 쓰곤 한다.

殺鬼𤞤

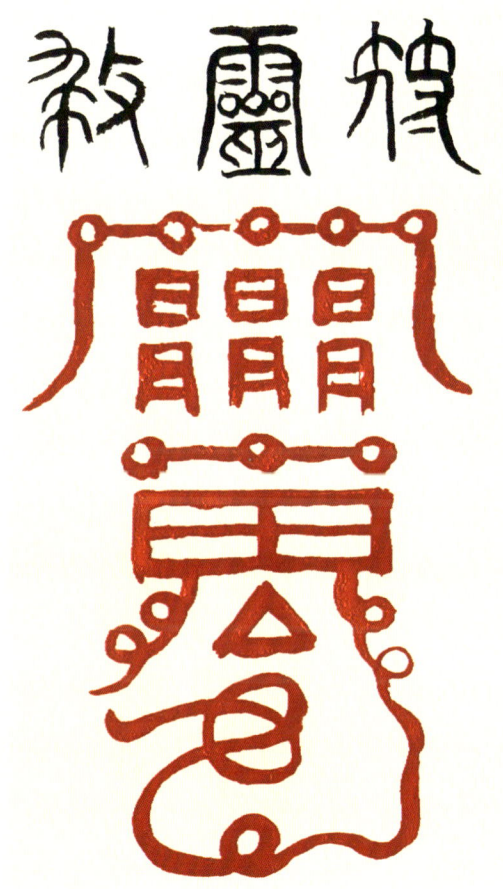

●   통령부

막혔던 신통한 능력이 다시 발현되길 바라는 부적이다.
신선(神仙)이 있고, 악(惡)을 강력하게 제거하며,
과거(過去)와 현재(現在)가 다 통하여
봉인되었던 능력이 발현되라는 의미가 담겨있다.

극락왕생바리공주부

부모님이 돌아가셨다면 그분의 원심(영혼)이 좋은 곳으로
가길 바라는 자식들의 마음은 비슷할 것이다.
바리데기 공주는 부모로부터 어릴 적에 버려졌음에도
저승까지 가서 자기 부모를 구해낸 전설의 존재이다.
거룩하고 순수한 심성으로 나중에 선녀가 되고 권능을 지닌다.
이런 부적은 일종의 薦度(천도)를 위함인데
극락에 가는 것은 고인 자신의 덕력과 업력에 달려있기는 하나
자손들의 순일한 정성이 한곳으로 모이면 의미가 있다.

●   방해제거부

일에 주된 방해는 口舌數(구설수)다.
말이 많이 들리면 위태롭게 마련이므로
중앙에 口(입 구) 여섯 개를 잡아
단속하고 있는 모습이다.

관음성취부

관음보살은 불교 신자들이 가장 사랑하고 경애하는 존재이며
일반 부처보다 위신력이 크기에 의지할 대상이 되곤 한다.
관음보살의 大慈大悲(대자대비)란 특정한 조건에 메이지 않고
연민을 느끼며, 누구에게나 가피를 내려주는 것이다.
이 부적은 관음보살의 가피를 내게 끌어당기는 의미라기 보다는
내 안의 조건 없고 대상 없는 대자비심을 일깨우는 것이라고 보는 게 맞다.
그런 무량한 마음으로 매 생명을 대한다면 무엇인들 장애가 되겠는가.

● 　　　　　관음소원성취부

관음보살의 종자진언이라 할 수 있는
'옴(唵-암)'으로 시작하여
하단은 마치 관음보살이 중생을 어여삐 여겨
기도하는 것 같은 문자 형상이다.

●   개운부

막힌 운을 트이게 하는 開運(개운)부다.
문자가 추상적으로 표현되어 해석하긴 어려우나
돈이 물 흐르듯 하라는 의미로 생각된다.

개운부2

해와 달로 이루어진 개운부인데
해(日)가 많아서 밝게 이끌고 있다.
그리고 口(입 구)는 '입'을 뜻하기도 하지만
많은 경우 '사람'을 의미한다.
주변에 많은 사람이 귀인이 되어
개운을 돕게 한다는 부적이다.

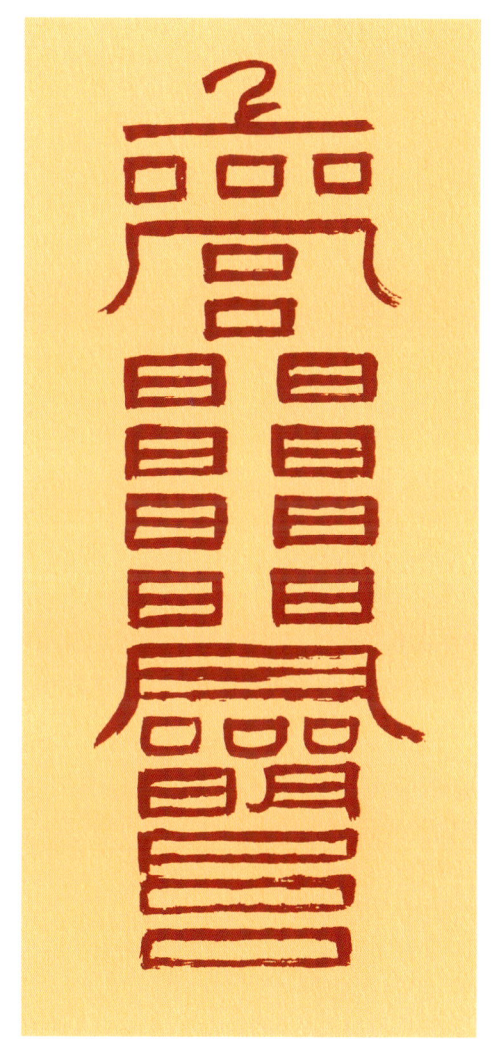

천상금계부

천상에는 닭의 정령이 살고, 때가 되면 힘차게
회를 치는데 그 소리에 어두침침한 사악은
일제히 도망친다고 한다.
내 안에 끝 모를 불안이 치밀어 오르고,
억울함과 음습한 욕망 등 어두운 감정이 피어날 때,
바르고 강한 금계가 울도록 하면
사소한 것들은 순식간에 사라지게 된다.

구운부

역경의 운을 구원하는 부적으로
개운부와 비슷한 의미이다.
상단의 글자는 束(묶을 속)처럼 보이지만
勅(명령할 칙)의 생략형이다.
玄(현)은 선녀들의 대모라 불리는
九天玄女(구천현녀)의 권위를 빌린 것이다.

만사여의부

만사가 뜻대로 되라는 부적이다.
상단은 勅令(칙령)이며
좌우에는 萬事如意(만사여의),
財願廣進(재원광진)이 있으니
재물이 원하는 만큼
많이 몰려드는 것을 뜻한다.

●   목적달성대길부

尸(사람)와 鬼(귀)가 있고 田(밭 전)이 있으니
사람과 신이 합심하여 많은 소득을 얻는다는 의미이다.
急急如律令(급급여율령)은 부적에 자주 쓰이는 명령어인데
'어서어서 행하렷다!'라는 뜻이 담겨있다.

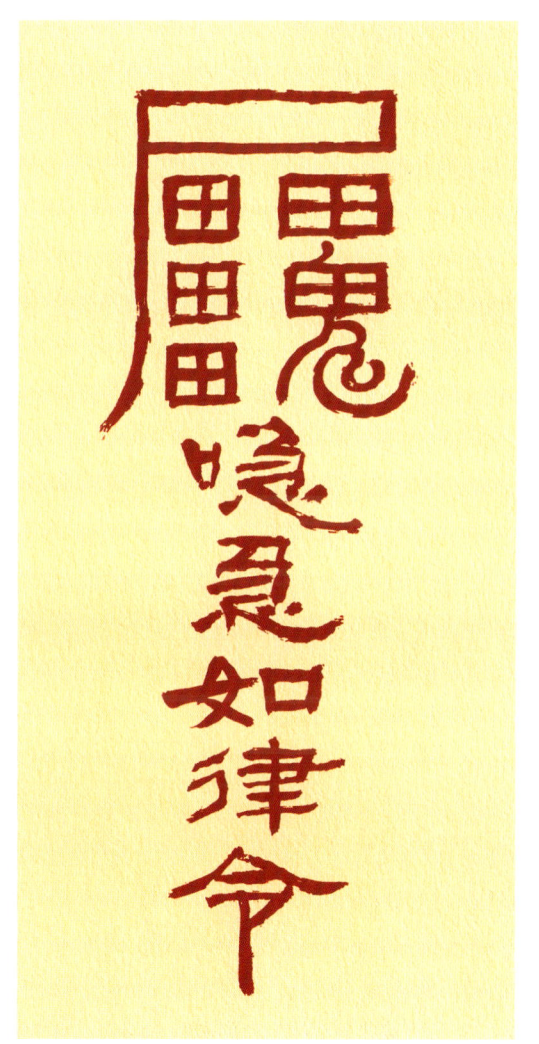

●   탐랑부

'탐랑'은 별을 일컫는 것으로
아주 예쁘고 호기심 많은 여신이 그 주인이다.
우리가 자미두수(紫微斗數)를 공부할 때
사람의 별자리로 구분하곤 하는데
그중 탐랑에 해당하는 사람에게 맞는 부적이다.

●   춘계대길부

봄을 맞이하여 대길해지라는 의미의 부적이다.
먹을 것이 부족하고, 병에도 취약했던 과거에는
하루하루 생존의 의미가 강했기에
계절마다 무사히 지나길 바라는 마음으로 이런 부적을 썼다.
사계절 부적이 있지만 현대에는 쓰는 일이 거의 없기에
이 책에서는 춘계와 하계대길부까지만 소개하겠다.

하계대길부

여름을 맞이하여 대길해지라는 부적이다.
냉방시스템이 없던 과거에는
여름에 더위 먹지 않고 무사히 지나가는 것도
중요한 의미가 있었기에
이런 부적을 써서 안녕을 기원했다.

이월생대길부

몇 월생인가를 겨냥하여
대길을 빌어주는 맞춤형 부적이다.
생일은 음력으로 보는 것이며
日月(일월) 山山(산산)은 明(명), 出(출)이 되므로
밝음이 발현되어 나오라는 의미가 있다.
하단의 내용은 바르지 않은 것에는
바로 각성하라는 뜻이다.
해당 월에 따라 약간의 배치만 달라질 뿐
내용은 거의 같아 이 책에서는 일부만 소개한다.

●   팔월생대길부

● 구월생대길부

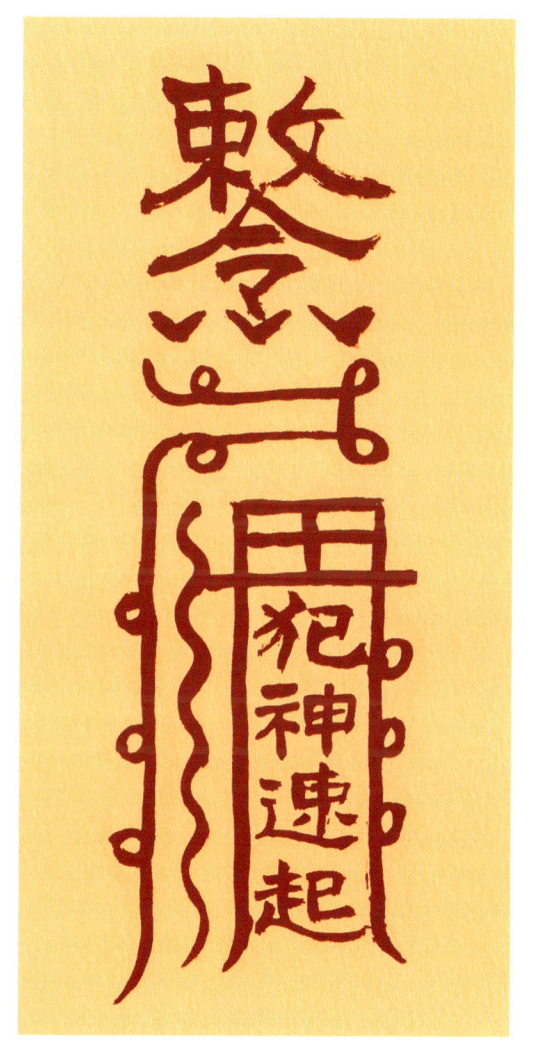

● 시월생대길부

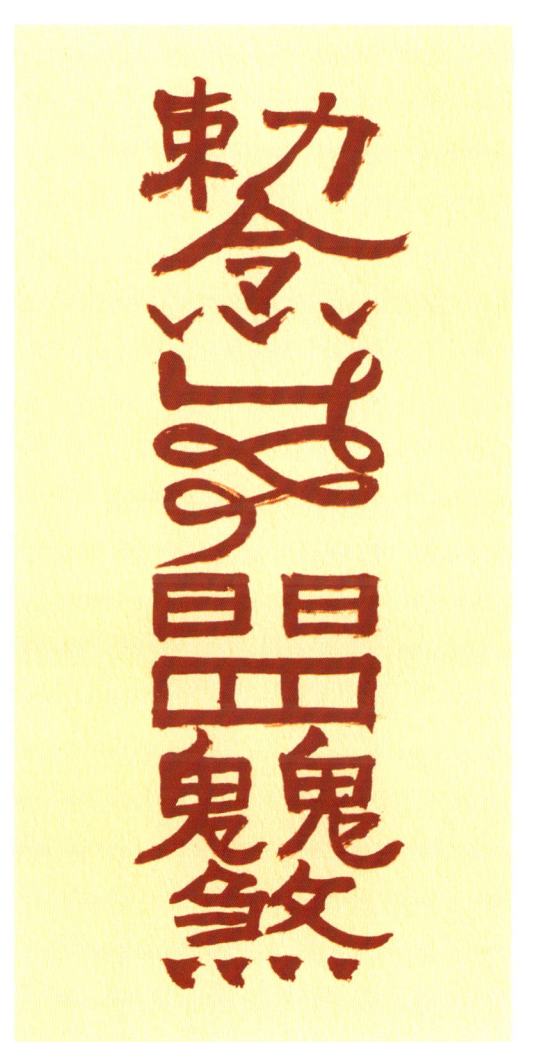

●   **천강성취부**

천강성은 사람들에게 사랑받는 별로
사람으로 탄생하여 활약하기도 한다고 믿었다.
천강성의 신에게 가피를 요청하는 부적이다.

사랑과 관계의 개선을 바라는 인간의 마음만큼 사랑·관계부는 그 가짓수도 거의 무량하다고 볼 수 있다. 인연을 맺고자 하는 부적이 있는가 하면, 악연을 끊고자 하는 부적도 있다. 부부간의 화합을 위한 부적도 종류가 무척 다양하며 고부 간의 갈등을 해결하고자 할 때 쓰는 부적도 있다. 심지어 관계 속에서 우위를 점할 수 있는 부적도 있다. 이 책에서는 부적의 어두운 면에는 초점 맞추지 않으려 한

04 사랑·관계부

다. 사랑·관계부는 다름 아닌 인간과 인간의 문제가 대두되므로 부적을 쓰는 것과 동시에 心法(심법)을 제대로 가지는 것이 무엇보다 중요하다.

● 　　　　　　　　　귀인부

삶의 곳곳에서 貴人(귀인)을 만날 수 있다면 얼마나 좋을까?
귀인부를 썼다면 내 주변 모두를 귀인으로 생각하고
항상 상생하고 조화로운 마음 지니기를 권한다.

●   애경부

사랑과 공경을 요청하는 동시에
재물도 부르고, 천지일월성신을 모두 부르는
욕심 많은 부적이라고 할 수 있겠다.

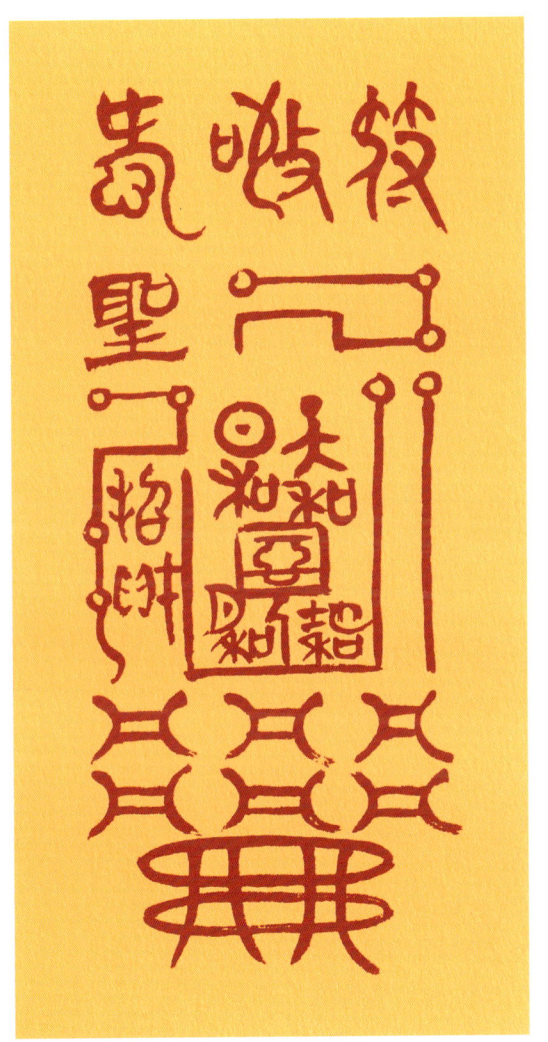

애경부2

사랑과 존경을 두루 받게 되길 바라는
부적이다. 한 가지 명심할 것은 나 자신도
상대를 사랑하고 존경하는 마음을
먼저 내야 한다는 것이다.

인연부

좋은 인연이 다가와 주길 바라는 부적이다.
다만 인연 역시 뿌린 대로 거두는 법이니
항상 좋은 '말씨'와 '마음씨'로
아름답고 사랑스러운 씨를 뿌려야 한다.

●   총애부

총애란 대체로 윗사람에게 받는 사랑을 뜻하며,
직장 상사, 선생님, 선배 등에게 아낌을 받는 것이다.
주로 여성이 쓰게 되는 부적으로
디자인도 곡선적이며 유려한 것이 특징이다.

● 연심부

짝사랑하는 상대가 내 마음을
알아주기를 바라는 부적이다.
요즘이야 진심으로 고백하면 될 것이지만
옛사람들은 드러내는 것을 부끄럽게 여겼기에
이러한 부적이 나왔던 것으로 보인다.

● 우연부

소처럼 충실하고 우직한 사랑을 바라는 부적이다.
또한 소는 성실하며 능력도 있음을 의미한다.

● 후정부

일단 사귀거나 연이 맺어진 뒤에
정이 두터워지기를 바라는 부적이다.
이것은 주로 매정해 보이는 상대가 좀 더 따스해지고
다정다감해지길 바라는 부적이다.

厚精簡

인덕만복부

人德(인덕)이 만복을 불러온다는 부적으로
제목 속에 이미 가르침이 들어 있다.
이 부적은 사선 획이 굉장히 많이 보이는데
이것은 丿(삐침 별)로 그 의미는 손을 쓰거나
번개를 치는 등 뭔가 작용하는 것을 이른다.
에너지를 뜻하는 力(힘 력), 신불,
힘을 이르는 불지(佛至)등의 글자를
萬福(만복)이 써 있는 慈悲手(자비수)가
받치고 있는 것이 매우 심오하다.

● 애정부

사랑받고, 정을 받고자 하는 부적이다.
그런 끈끈한 마음이 이렇게 복잡한 양상을
띤다는 것이 재미있다.
상단은 愛(사랑 애)자의 고대형이며,
아래에는 급급여율령(어서 시행하라)이 포진해 있다.

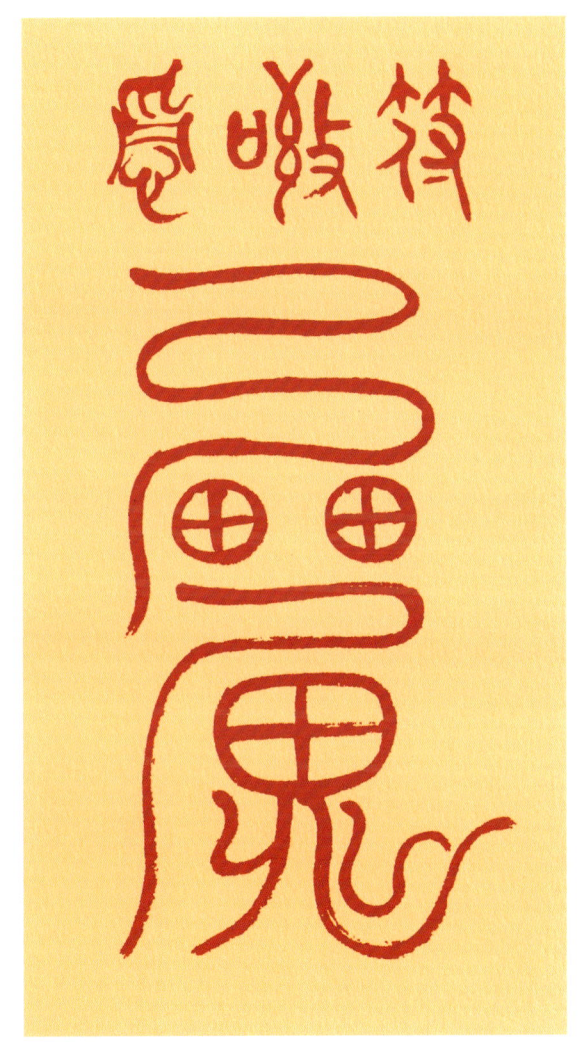

●   **심령안정부**

늘 조바심이 나고 갈급한 것이
사랑이라면 참 피곤할 것이다.
이 부적은 그런 마음을
안정시키는 용도로 쓰인다.

후연부

厚(두터울 후), 緣(인연 연)
이것은 두터운 인연을 바라는 부적이다.
연이 맺어지기 이전에 그러한 인연이
다가오길 바라며 쓰는 것으로
진정 후연(厚緣)을 바란다면
만나는 사람들에게 신의를 쌓고
늘 먼저 배려하는 자세를 갖춰야 할 것이다.

● 정통부

정이 통하게 해달라는 이 부적은 주로 부적절한 관계에서
그것이 이루어지길 바랄 때 쓰는 것이다.
흔히 유부녀나 유부남과 정을 통하고 싶을 때,
또는 관계가 이루어지기 어려운 사이에서 필요한 것이다.
인간사는 참 다양하고 원하는 것이 천차만별이라지만
이런 삿된 뜻에는 삿된 귀신이 붙을 확률이 높기에 권장하지 않는다.

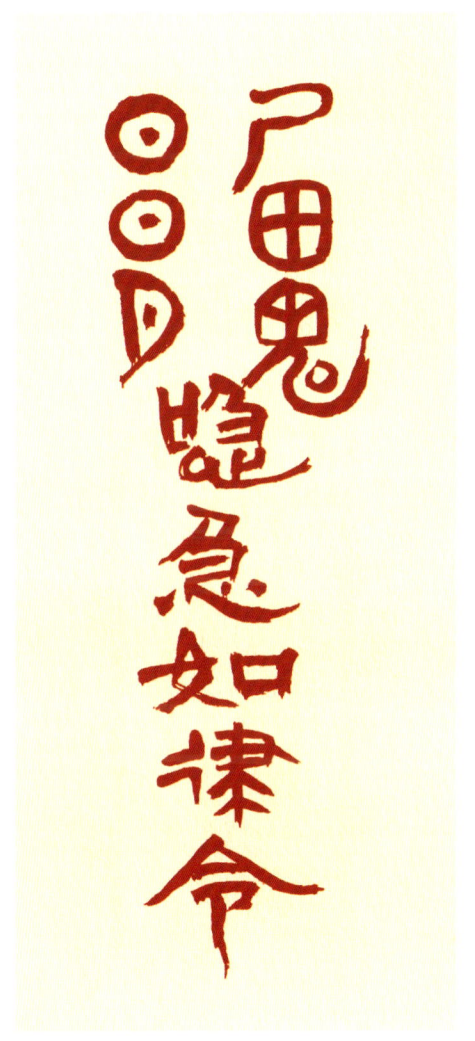

수나비부

수나비는 암나비를 부른다.
즉, 여자 손님을 부르고 싶은 업소에서
붙여놓곤 한다.

● 암나비부

암나비라면 당연히 수나비들이 꼬일 것이다.
이것은 주로 술이나 접대 관련 유흥업소에서
남자들이 오길 바라며 쓴다.

단교부

우리가 인연을 맺고자 하는 마음이 있는가 하면
관계를 끊고자 하는데 맘대로 되지 않을 때도 있다.
그럴 때 쓰는 것이 단교부다.

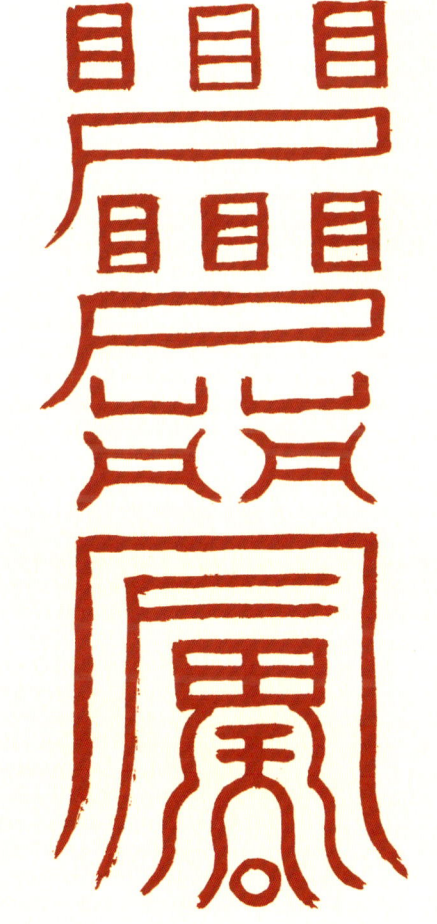

● 　　　　　　　　이별부

이별을 원만하게 이루고자 하는 부적이다.
단교부만큼 매서운 것은 아니지만,
역시 맺고 끊는 것은 필요하다.
새로운 인연을 위해서도 그렇다.

● 　　　　　부부화합부

부부간에는 화합이 매우 중요한 일이다.
부부화합에 관한 부적은 종류가 무척 다양하다.

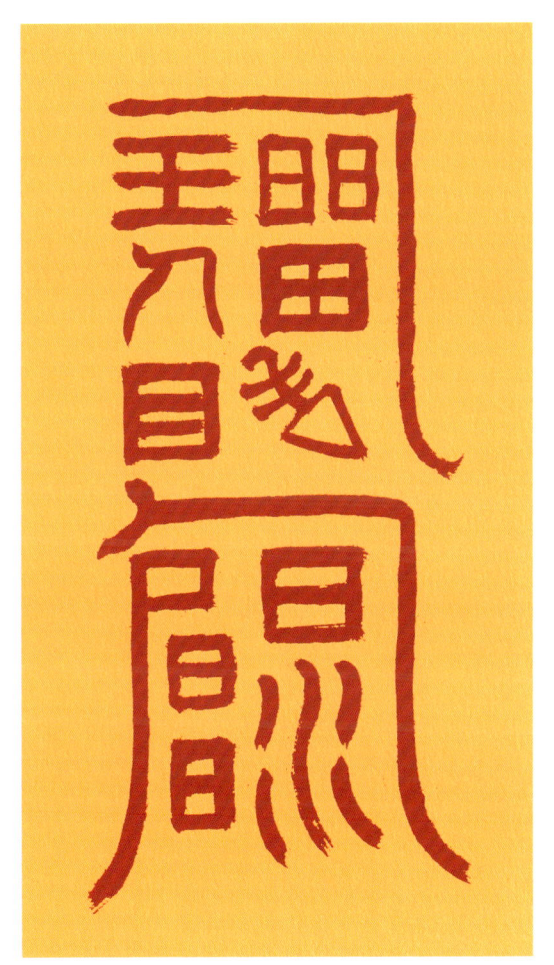

●   부부화목부

부부화합부가 육체적인 면을 강조한다면,
부부화목부는 정신적인 부분을 강조하는 부적이다.

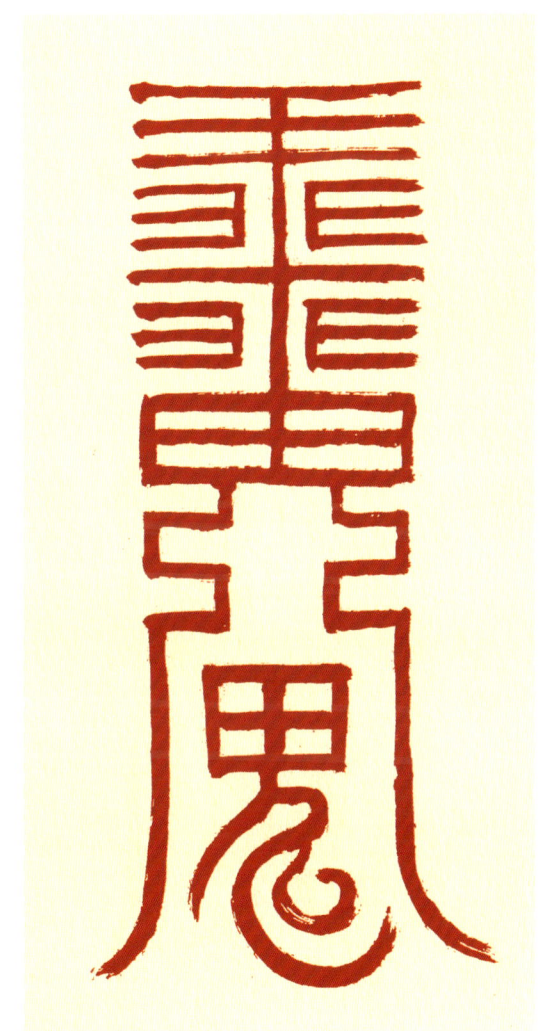

●   부처화목부

남편과 아내의 화목을 바라는 것으로
하단에 커다란 골반 같은 것 사이로
단지 하나가 보이고 숫자 千(천)이 있다.
이것은 많은 횟수를 뜻하며 육체적 情事(정사)를 통해
부부의 화합을 꾀하는 부적이다.

●   혼액살제거부

혼인한 부부 사이에서 방해를 놓으려는
영체나 업력들을 제거해 달라는 부적이다.

부부소통부

부부간에 대화가 단절되거나
말이 통하지 않는 경우,
소통을 원하며 쓰는 부적이다.
이 부적을 쓸 때의 心法(심법)은
나부터 상대의 말을 경청하는 것이다.

●   건심안부

남자의 마음이 붕 뜨지 않도록
안정시키는 부적이다.
별신들의 에너지가 울타리를 이루어
새어 나가지 않도록 단속하고 있다.

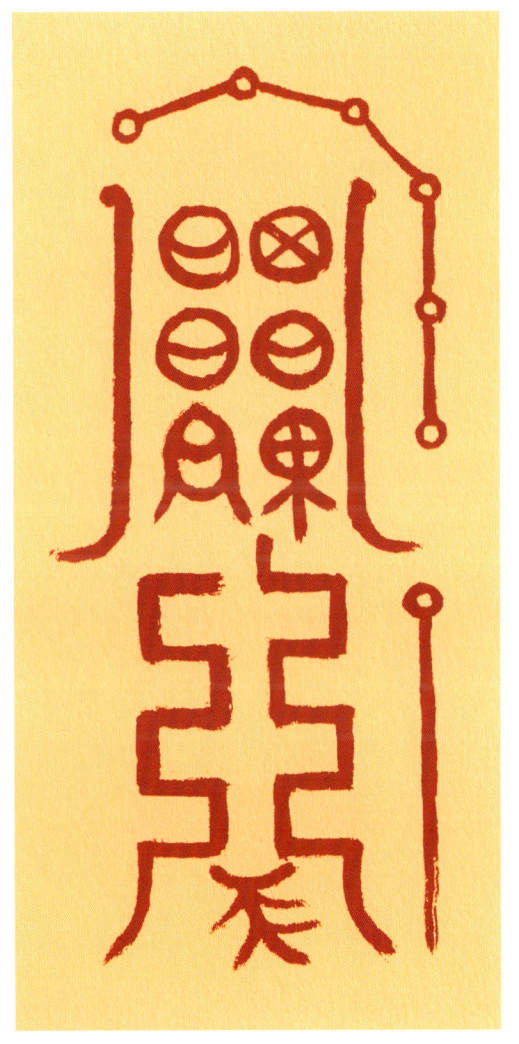

● 곤풍방부

여자가 바람피우는 것을
막기 위한 부적이다.

●   여파가부

여자가 집안 분위기를 망가뜨릴 때 쓰는 부적이다.
부부의 일은 어느 한쪽의 잘못인 경우가 드물기에
나를 먼저 돌아보고 그래도 도움을 좀 받고 싶을 때
이런 부적을 쓴다.

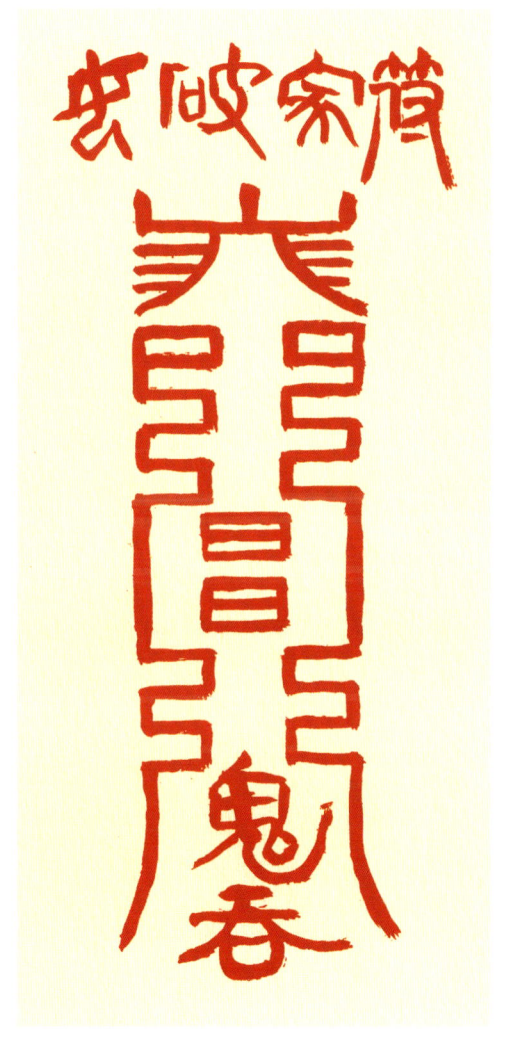

●   남파가부

남자가 집안을 풍비박산 낼 때 쓰는 것이다.
여파가부와 마찬가지로 쌍방의 입장을 다 봐야 하지만
남자의 폭력성이 강할 때 그 힘을 눌러주는 용도이다.

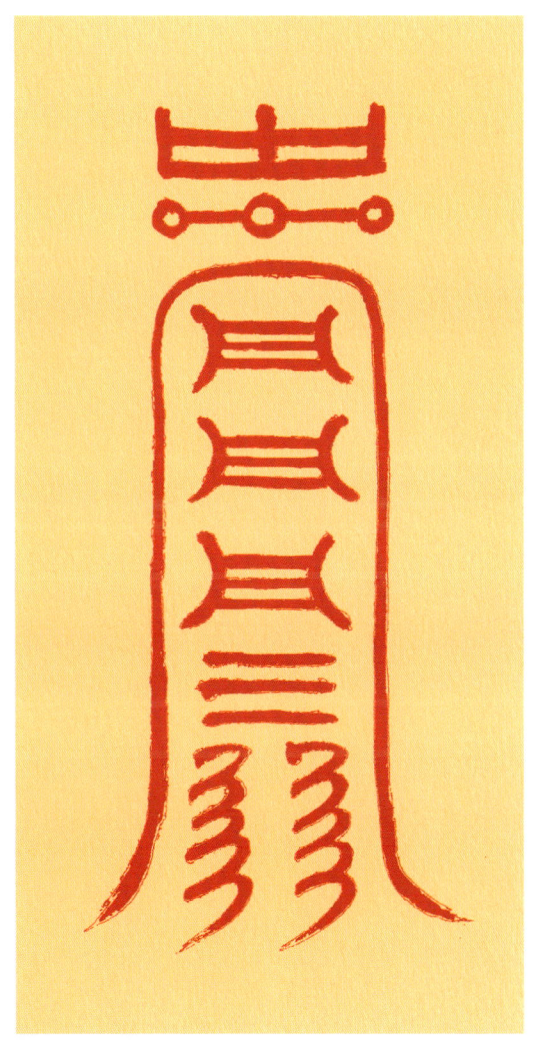

● 　　　　　　건용화합부

남자의 화합을 요청하고 싶을 때 쓰는 부적이다.
곡선과 흐르는 듯한 형상은 소통을 의미한다.

● 부부불화부

부부 사이의 불화를 제거하는
목적의 부적이다.

●   부부합심정부

부부가 합심하여 잘 해보자고 다짐하며 쓰는 부적이다.
乾命(건명) 아래 남자의 생년월일(음력)을 넣고
坤命(곤명) 아래에 여자의 생년월일(음력)을 넣는다.

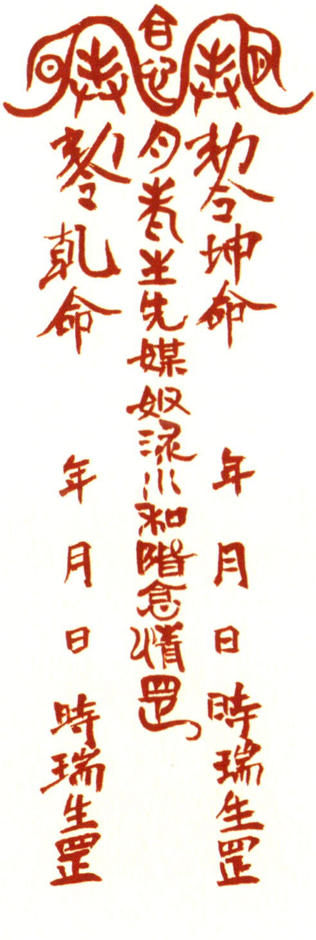

㘣坤命　年月日　時瑞生罡
夕卷业先媒奴流川扣階念惰罡
㘣乹命　年月日　時瑞生罡

가내화합부

집안의 화합을 바라는 부적으로
부부만이 아니라 자녀도 포함된다.

●   부자화합부

아버지와 자식 간의
화합을 도모하는 부적이다.

● 부자화목부

부자화합부와 같은 목적으로
아버지와 자식 간에
사용되는 부적이다.

● 이첩부

남편의 '첩(애인)'을 떼어내는 용도의 부적이다.
상단에 '山(뫼 산)' 자의 고대 형상이 있는데
산신에게 도움을 요청하는 것으로 보인다.

● 　　　　　　방풍부

부부간에 안착하지 못하고
자꾸 눈이 밖으로 도는
바람기를 막아주는 것이다.

인가화합부

이웃 간에 화합하길 바라는 부적이다.
옛날에는 이웃끼리 왕래가 잦아서
정이 쌓이는 만큼 문제도 많았다.
요즘에도 이웃 간에 정은 없어졌으나
층간 소음 등의 문제로
사이가 안 좋은 경우가 많으니
이런 부적도 쓸 일이 있을 법하다.

●   흉재외성화합부

예전에는 집성촌에 다른 성씨가 들어오는 것을
위험 요소로 보기도 했다.
그래서 다른 성이 가져오는 재앙을 막고,
화합하고자 하는 부적이 있었지만
지금은 쓰이지 않는다.

●   계모명부

아버지가 재혼해서
새엄마 슬하에서 함께 살 경우
따라오는 피해를
막고자 하는 부적이다.

진랑신부

계모 또는 편모(홀어머니)
슬하에서의 문제를 없애고
화평하게 살아보려고 할 때
사용하는 부적이다.

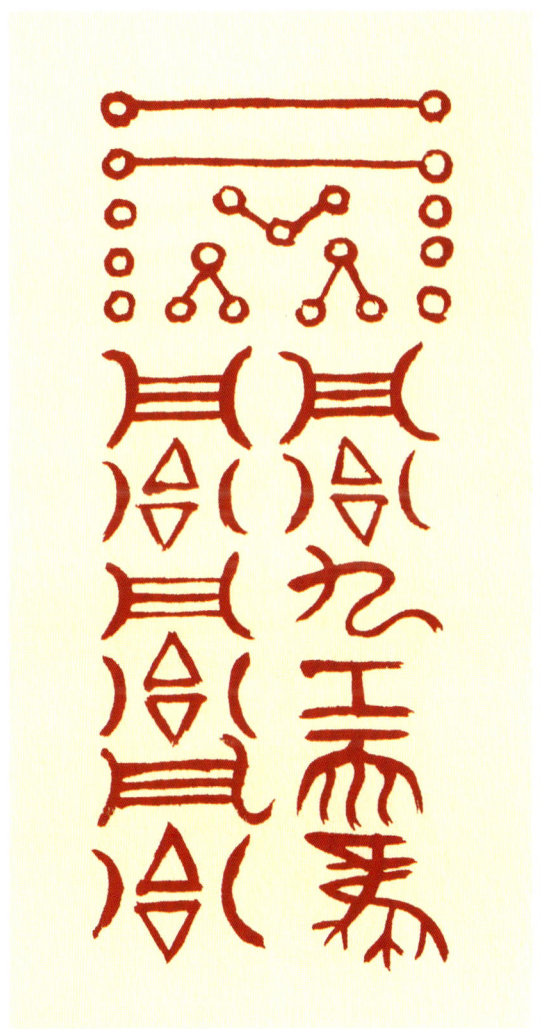

권태방지부

부부가 살아가다 보면
스멀스멀 권태의 싹이
피어오르곤 한다.
이 부적으로 권태로움이
창성하지 못하도록 누르고
익숙함과 당연함을
감사함과 소중함으로 바꾸는
심법(心法)이 병행되어야 한다.

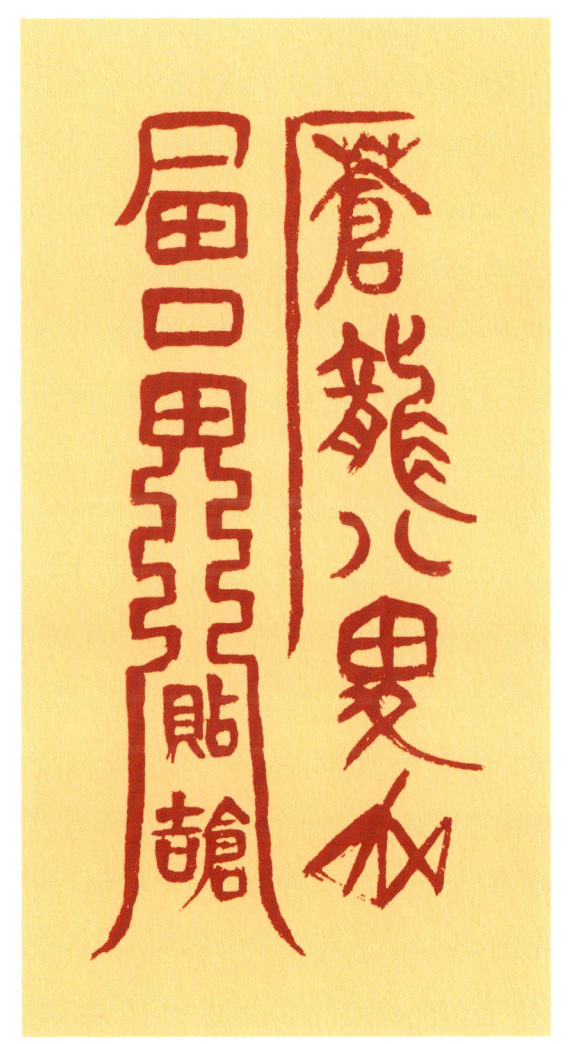

고대부

고부간의 갈등이 있을 때
시어머니가 소지하는 부적이다.
이때 역시 며느리를
내친다는 마음을 가지면
부적의 힘이 재앙이 되어
자신에게 돌아오므로
좋은 마음을 갖는 것이 중요하다.

● 부대부

고부갈등이 있을 때
며느리가 소지하는 부적이다.
심법은 고대부와 동일하다.

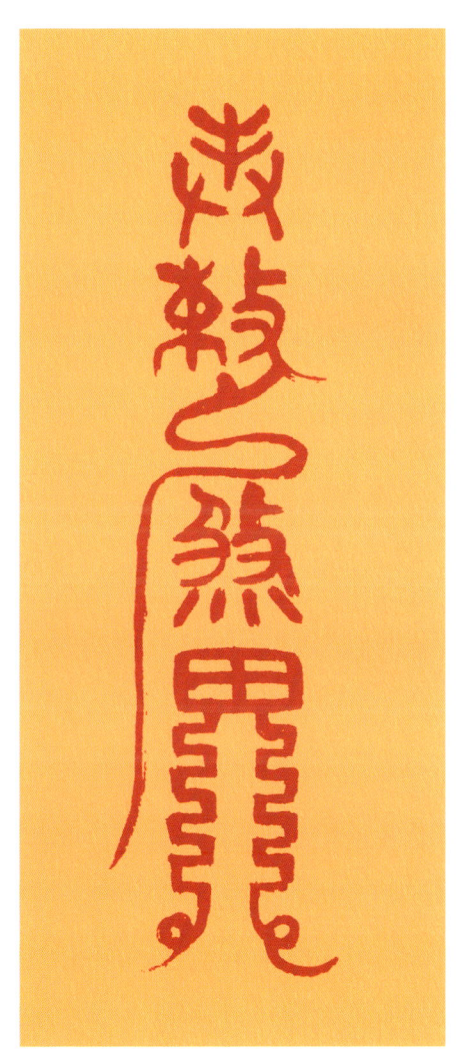

●   자손화합부

자손이 별처럼 번창하고
많아지기를 바라는 부적이다.

이사를 한다는 것은 큰 일이다. 사람의 감정이 요동치는 일이 많고, 사고도 빈번할 수 있으며, 이런저런 차질이 생겨 편치 못한 경우가 부지기수다.

사람의 주거지에는 우리 눈에 보이지 않는 이런저런 존재들이 이미 거주하고 있는데 그들의 반발이 있으면 다치기도 하며 그것을 '동티'라고 한다.

05 이사안택부

그래서 하루빨리 자리를 잡고 평안을 찾고자 보이지 않는 터줏대감들과 인사를 하고 소통하기 위한 이사안택부가 존재하게 되었다.

● 　　　　　　　　　이사안택부

이사를 하여서 무탈하기를 바라는 부적이다.
만사가 뜻대로 되어지기를 바라는 '문안'과
육자대명왕 진언인 '옴마니밧매훔'이 있고
천축국의 달마 존자가 바다를 건너
이동하는 모습도 보인다.
불가와 토속의 에너지를 망라하여
무탈을 기원하는 형국이다.

● **이사안택부2**

깔끔하게 정리된 모범적인
이사안택부라 할 만하다.
광명이 임하여 신명들에
지켜줄 것을 요청하는
담백함이 돋보인다.

●   진택평안부

도가의 선천팔괘와
옥황상제에게 요청하여
천병들로 하여금 집안의 들끓는
악신들의 요동을 제압해달라고
부탁하는 내용이다.

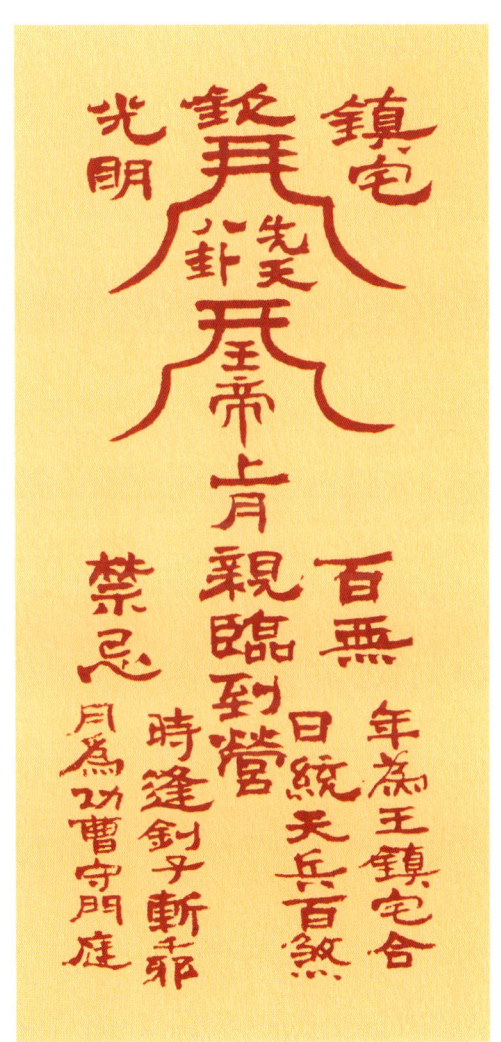

천룡승천부

이사는 살아생전에만 하는 것이 아니다.
이승에 살다가 죽어 저승에 가는 것도
일종의 이사인데 천룡의 인도를 받아
하늘 세계로 승천하게 되기를 바라는 부적이다.
원래 天(천)을 천 번 쓰는 것인데
천 번 썼다는 표식을 함으로써 대체하고 있다.

●   천룡승천부2

역시 영가를 천상세계로 인도하고픈
염원으로 쓰는 부적이다.
비천의 인도를 받아
천상으로 가게 하자는 뜻이다.

인과응보는 전 우주를 관통하는 대법칙이며 누구도 그것을 피해 갈 수 없다. 하지만 막상 당할 때는 고통스럽고 억울한 것이 사람 마음이다.

그래서 재난을 피하고자 이런 부적이 만들어졌지만, 이 책을 읽는 독자들이라면 그것이 무모한 욕심이라는 것을 어렴풋하게나마 아실 거라고 본다.

06 재난방지부

다만 내게 오는 업을 감당할 수 있는 용기와 힘을 요청한다면 그리고 고통을 이겨낼 수 있는 지혜를 원한다면 신께서도 고개를 끄덕거리지 않을까?

삼재부

사람들은 재난을 두려워했기에 그것이
자주 임하는 시기를 '삼재'라 하여 구체화했다.
들삼재, 눌삼재, 날삼재를 이야기 하는데
엄밀히 말하면 삼재는 모두 업력이 원인이다.
세 개의 머리를 가진 매가 삼재를 노려보고 있다가
재난이 나타날 것 같으면 바로 덮쳐서
씹어 먹어버린다는 의미의 부적이다.
다리는 원래 하나인데 그것은 단단한 一心(일심),
즉 바른 마음을 일컫는 것이다.

●   삼재부2

三頭(삼두)일족응--
즉 매가 주인공인
삼재부가 간소화된 모습이다.

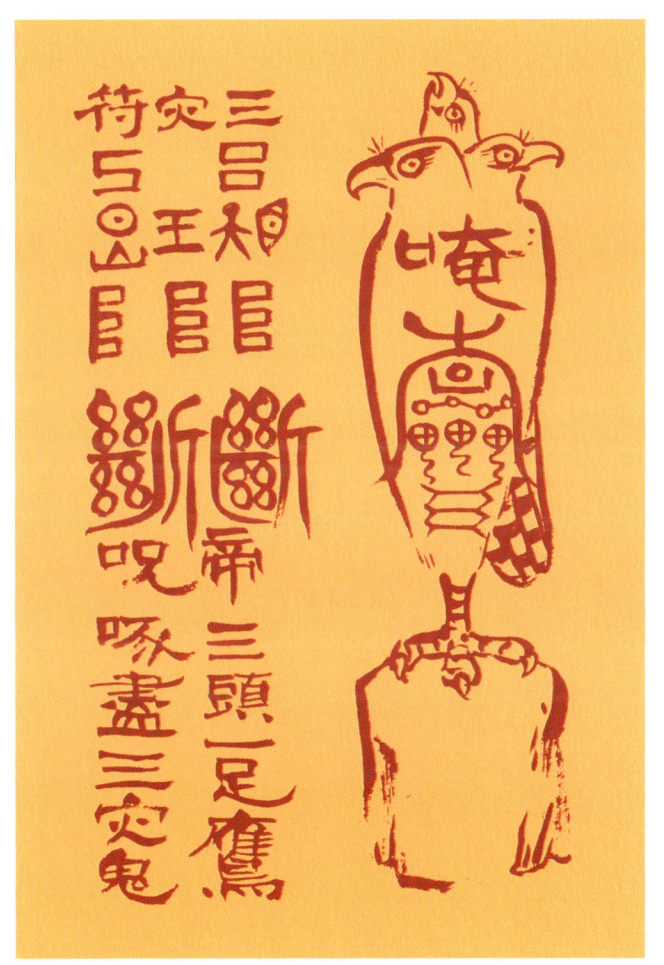

살풀이부

옛사람들은 재앙이 발현되는 것은
煞(살)이 끼었기 때문이며,
그 살을 미리 풀 수 있다면
재앙이 막아진다 하여
'살풀이'라는 개념을 만들었다.
세가지 살을 풀고 달리는
역동적인 도구로 말을 이용하기도 했는데
이 부적 속에는 말의 몸에 재난을 막는
부적문을 빼곡히 심어두었다.

●   재액불입부

재앙이 우리 몸이나 가정 또는
사업장에 들어오지 못하도록
막는 목적의 부적이다.

● 　　　　　　　　도액부

재앙은 厄(액)이라고도 한다.
이 부적은 액을 건너뛰게 해주는 것이며
담장이 아무리 높아도
그것을 뛰어넘어 간다는
형상을 표현하고 있다.

●   관재구설소멸부

관재는 재판, 소송 등을 말하며
구설수는 뒷말이 오고 가는 것을 말한다.
세상사에서 참 피하고 싶은 것들로
이 부적은 그런 에너지를 소멸시키고자 나왔다.

● 관재부

官(재판이나 소송)을 대놓고
과녁 안쪽에 배치하여
겨냥하고 있는 구성이 재미있다.
관재살이 있을 때 소멸시키거나
이기게 해주는 부적이다.

●   선신수호부

착한 신들이 울타리를 쳐 놓고
그 안에서 안전하게 수호해 주길
바라는 마음이 담겨 있다.

● 　　　　　　　구천현녀수호부

신선의 대모 격인 구천현녀가
모든 재액을 소멸시켜 준다는 부적이다.

● 　　　　　사고방지부

일명 '萬全(만전)부'라고도 하며
불의의 재앙을 막아준다는
부적문이 오른쪽에 있다.

● 압사부

고대 문자로 一正壓百邪(일정압백사)라는
글귀가 쓰여 있다.
바른 일념이 온갖 사악한 것을
제압한다는 뜻이다.
간단한 표현 같지만 곱씹을수록
심오하고 진귀한 맛이 나는 부적이다.

● **제신가호부**

신들에게 가호를 바라는
내용의 부적이다.

직장이나 사업은 스트레스의 원인이다. 가장 크게 마음을 압박하고 갈등을 빚어내는 것이 아닐까 싶은데 바로 먹고 사는 문제와 직결되어 있기 때문이다.

그러니 쉽사리 끊어내거나 벗어나기도 힘들다. 직장사업부는 인간의 삶의 구조가 바뀌지 않는 한 필수불가결한 요소가 아니었을까?

07 직장사업부

직장사업부는 취직부터 승진, 영업과 사업 부적이 있으며, 사람을 잘 만나길 바라는 채용에 관한 부적도 있다.

흥미진진하면서도 삶의 애환이 느껴지는 직장사업부들을 소개한다.

●   취직부

말 그대로 취직하게 해달라는 부적이다.
기운이 흐르고 또 생성되는 것을 표현하고 있으며
신에게 술을 올리는 장면도 있다.

●   초관부

운명에 관직운이 없는 사람도 있다.
이 부적은 관직의 기운을
초대하고자 만들어졌다.

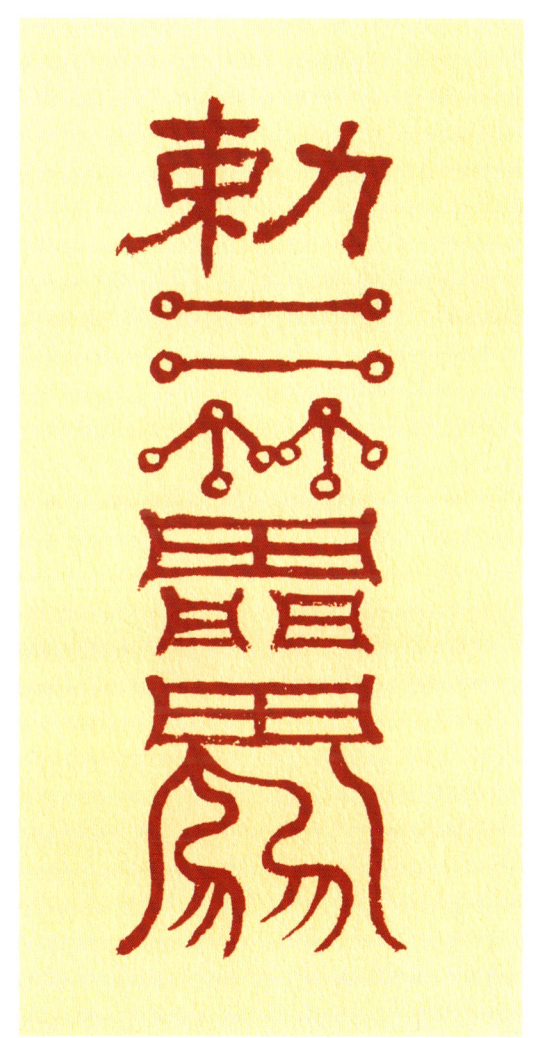

● 호직부

좋은 직장을 구하는 부적이다.
천지인과 모든 신령에게 요청하고 있다.

●   채용부

취직부와 비슷한 의미인데
능력을 인정받아 적재적소에
채용되라는 의미의 부적이다.
스카우트 되는 것 등이 해당한다.

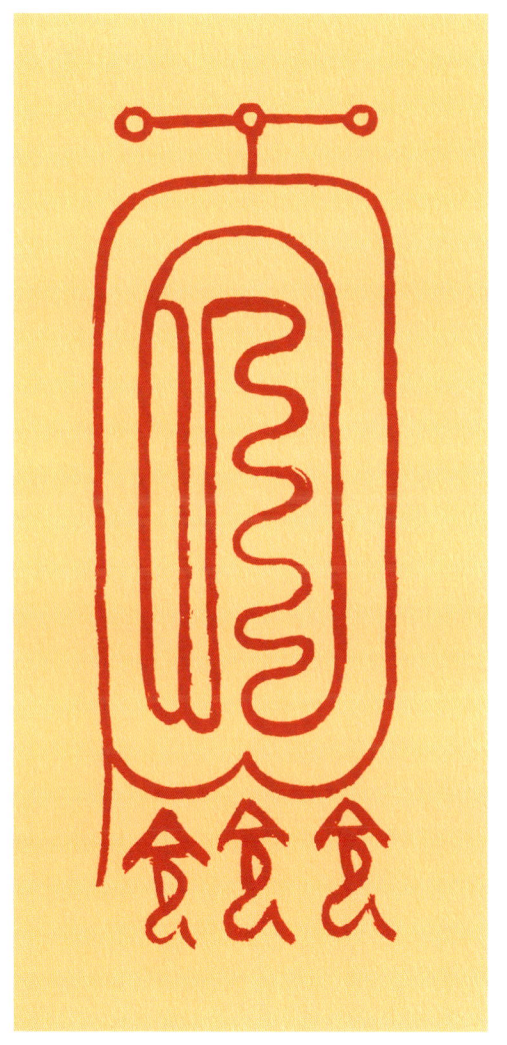

이관부

내게 이로운 관직,
내게 잘 맞는 직업을
구해달라는 부적이다.
천신들의 가호가 있고
기운의 순조로운 흐름이 있다.

●   승진인왕부

승진을 염원하는 부적이다.
이런 일은 사람들 사이에서
陰德(음덕)을 쌓는 것이 큰 힘이 된다.

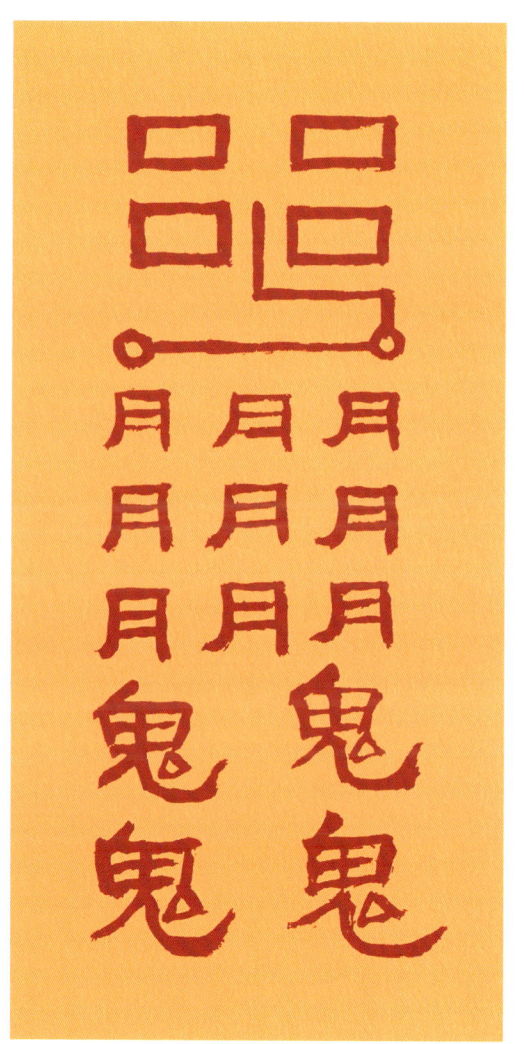

윗분인기부

노골적인 이름을 가진 부적인데
원래 이름은 신임인왕부이다.
상사나 스승에게 사랑받으면
일이 잘 풀리는 것은
예나 지금이나 마찬가지일 것이다.
불이 창성하는 것은
불같이 일어선다는 의미이다.

● 　　　　　　　　　진심부

고용주 관점에서 좋은 직원을
얻는 것도 중요한 일이다.
그런 염원을 충족시키는 부적이다.
고용주는 마음과 정성을 다해
직원을 대우하겠다는 자세를 갖춰야 한다.
그러면 직원은 일에 최선을 다할 것이다.

경영부

경영의 묘를 체득하게 하고,
그것이 필요한 곳에 잘 쓰이며,
성취되기를 바라는 부적이다.
별(천신)들의 가호를 요청하고 있다.

●   도깨비대길상

상단은 '옴마니밧매훔'으로 불가의 진언이다.
도깨비는 우리 민족의 신적 상징 중 하나로
삿된 요마들을 제압하는 권능을 가지고 있다.
도깨비는 치우천황 즉 자오지환웅을 상징한다.

●   사업흥왕부

사업이 번창하고
왕성하게 일어나도록
요청하는 부적이다.
눈으로 햇빛을 보듯이,
즉 불을 보듯 사업이
일어나게 해달라는 내용이다.

● 번영부

업소나 매장, 식당 등에
손님이 바람에 밀려들 듯
오게 되길 바라는 부적이다.

大太氣來欠來急急如律令

●   순조경영부

순조롭게 임직원이 역량을 발휘하여
만사를 수월하게 넘길 바라는 부적이다.

● 　　　　　　　광명부

빛이나 밝음은 성황, 성취, 흥왕을 상징하는 것으로
밝고 환한 미래를 기대하며 쓰는 부적이다.

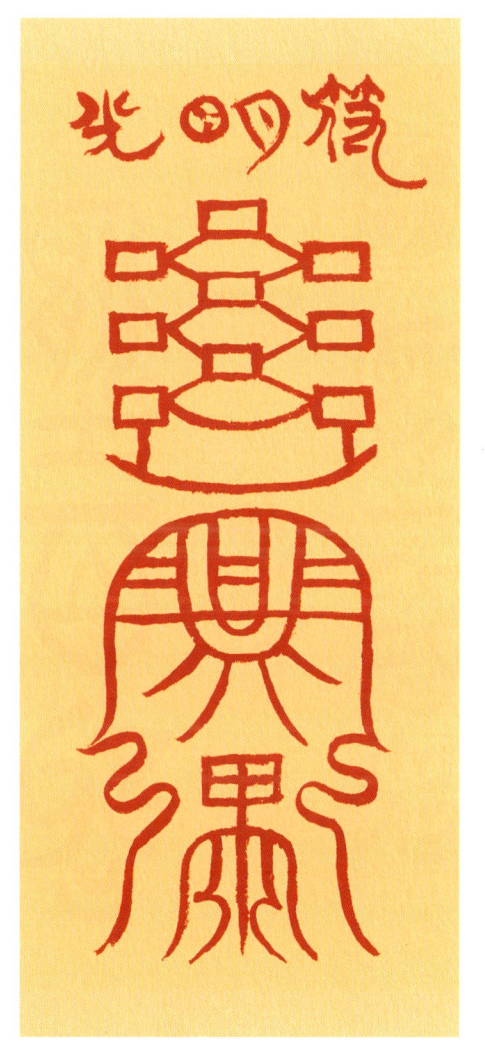

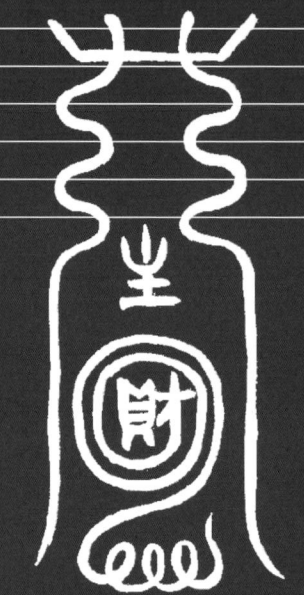

풍요재물부는 늘 인기 있는 부적 종류에 해당한다. '풍요 재물'이라 는 단어 속에 다 포함될 것 같지만

그럼에도 여러 다양한 부적으로 꽃 피우게 된 것은 구체성을 바라는 인간의 심리 때문일 것이다.

08 풍요재물부

크게 빈곤퇴치부와 풍요를 당기는 부적으로 나눌 수 있다. 아무래도 두려움보다는 희망에 초점을 맞추고자 하는 경향이 강하기 때문에 풍요에 관한 부적이 더 많다.

조왕각시부

조왕은 부엌을 지키는 신을 이른다.
예로부터 부엌에서 먹을 것과
복이 생성된다고 믿었기에
조왕에 대한 신앙이 생기게 되었다.
주방에서 큰소리를 내거나 화를 내면
조왕신이 이맛살을 찌푸린다고 하여 조심했다.

●   조왕할배부

조왕은 각시나 할매, 할아버지로 표현되기도 했다.
조왕각시부와 의미는 같지만 관록이 지긋한 신을 원한다면
조왕할매부나 조왕할배부를 선택하면 되겠다.

●   조왕부

그림 없이 문자와 기호만으로 표현된 조왕부이다.

용왕재수부

원래 물은 돈을 상징해서
용왕을 거대한 돈을 주재하는
신으로 보기도 했다.
부적 속에 水(수)가 많은 것은
돈이 흥청거리도록 많아지는 것을 의미한다.

득재부

財(재물 재) 위에 主(주인 주)가 있으니
재물을 얻고 주재할 권능을
요청하는 부적이다.
아주 단순하면서도
목적성을 명확하게 드러내고 있는
좋은 부적으로 본다.

기전부

돈이 층층이 쌓여 있어
일명 '돈벼락부'라고 한다.
맨 아래에는 복덕성취,
가운데는 만사여의,
그 위는 재수 있게 쓰이는 돈,
그 위는 소원대로 모이는 돈,
맨 위는 우주의 순환 원리라는
원형이정이다.

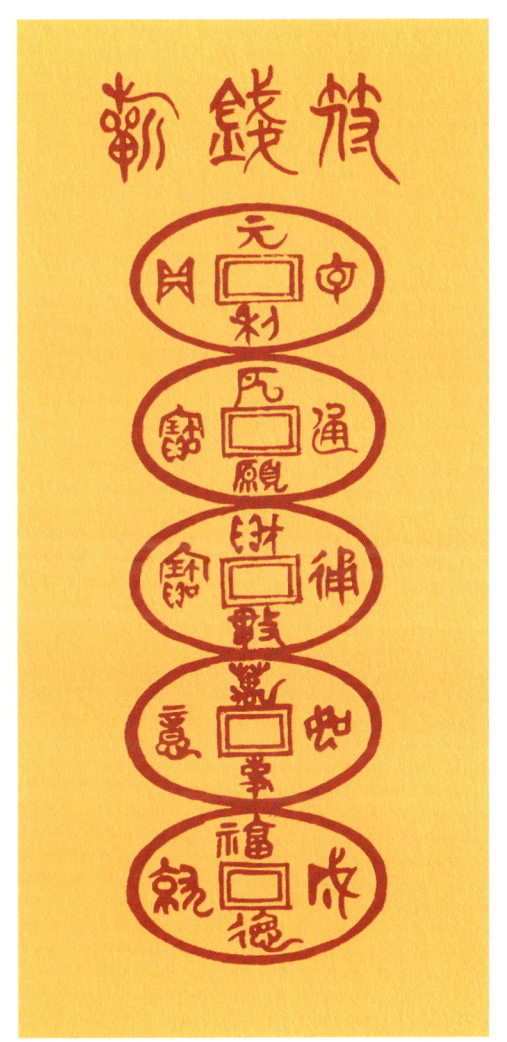

●   관록지공부

사업장이나 자신에 대해 좋은 소문이
나는 것을 뜻하는 부적이다.
요즘으로 치면 좋은 리뷰가
많이 달리는 것으로 볼 수 있겠다.

● 　　　　　　금은자래부

별 신들과 지상 신명들의 도움으로
고객들이 밀려들어 수입으로 이어지는 부적이다.

빈곤해소부

내게 손해를 끼치는 악신들을
쇠 빗자루로 쓸어버리는 부적이며
일명 '철소부'라고 한다.
사람들은 빈곤 해소 정도가 아닌
대박과 풍요를 더 선호하지만
이렇게 겸손하고 담백한 부적이
의외로 신들의 관심을 끌지도 모른다.

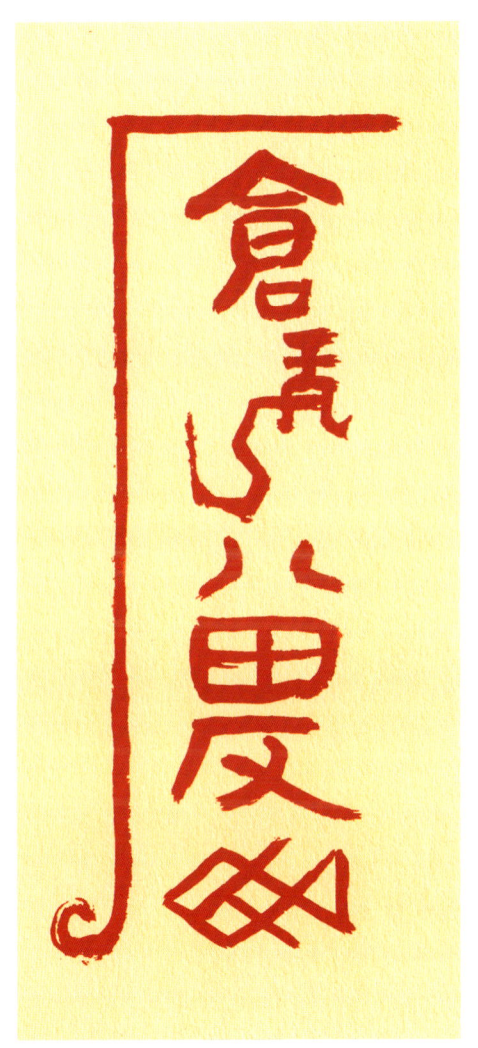

●   빈곤해방부

역시 낭비되는 요인과 방탕의 요소들을
다 쓸어낸다는 의미로 '소추부'라고도 한다.
사람과 신 그리고 재물과 창고, 식사 등을 표현하여
먹고살 만한 상태를 요청하고 있다.

● 　　　　　　　손재방지부

소모를 진정시킨다는 뜻의 '진모신부'인데
충동구매의 신을 진정시킨다는 뜻이기도 하다.
손해가 사라지고 낭비의 수도꼭지가 잠기면
어느덧 재물은 쌓일 수밖에 없지 않겠는가?

●   금전환부

실사용할 수 있는 돈으로
전환이 잘 된다는 의미의 부적이다.
재물이긴 하지만 부동산처럼 쉽게 돈으로
전환이 안 되는 경우가 있기에
이런 부적의 필요성이 대두된 것이다.

● 　　　　　　　　가명부

집안의 소문이 쩌렁대고
울려 퍼질 정도로
가문이 잘 풀리고 양식과 돈이
쌓임을 뜻하는 부적이다.

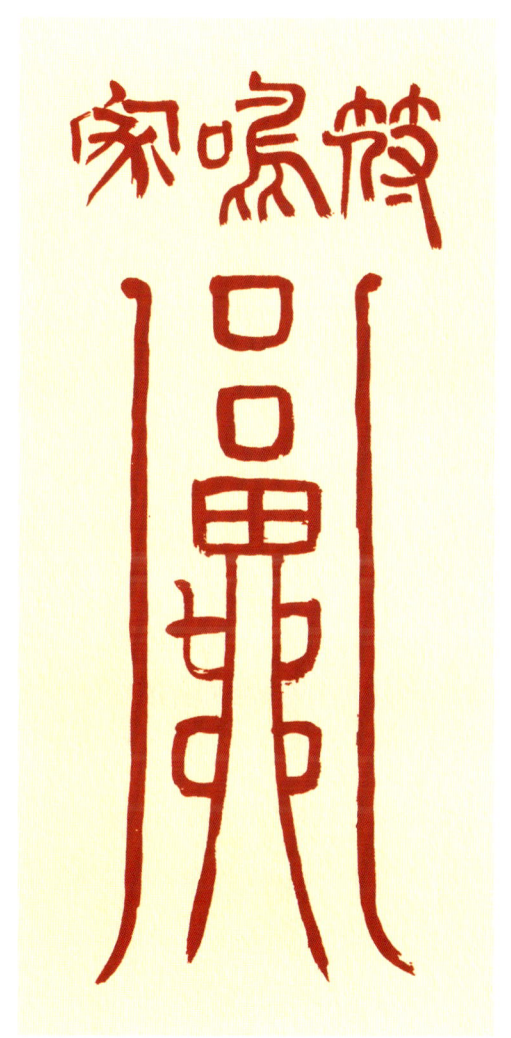

부귀부

돈 많고 명예까지 쌓이는 것을
富貴(부귀)라 한다.
내용을 보면 입소문이 잘 나고
기운이 소통되며 확장하는 형국이다.

●   부귀쌍전부

역시 부유함과 귀함이 둘 다 팽팽하게
자리하기를 바라는 부적이다.
주로 별의 선신들에게 복을 요청하고 있다.

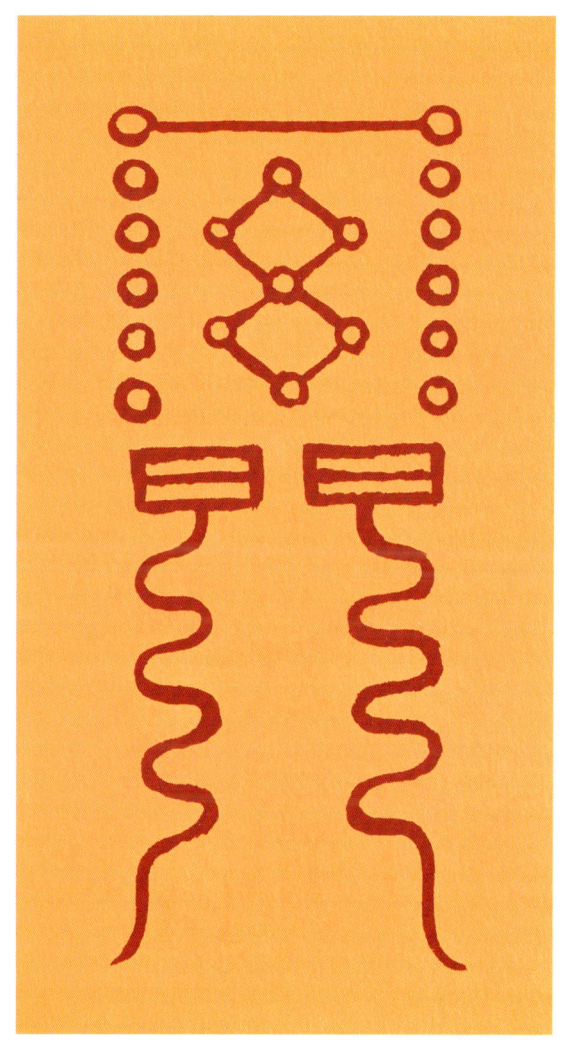

사람들은 성공적인 삶을 위해 학창시절을 매우 중요하게 본다. 특히 우리나라는 더욱 그런 편이라 교육열이 뜨겁고 학교 진학에 민감하다.

학업성취부에는 좋은 성적을 받고 시험에 합격하기 위한 부적들이 있고 시험 볼 때 나쁜 귀신의 교란을 막기 위한 살풀이부도 있다.

09 학업성취부

하지만 모든 사람이 이런 부적을 쓴다고 다 시험에 붙게 될까? 학업

세상에 어떻게 기여하겠다는 목표를 세우는 것이 더 중요할 것이다.

● 　　　　　　　　공부원조부

공부하는 데 있어서 필요한 모든 것이
갖춰지기를 바라는 부적이다.
책과 집중이 잘 되는 장소, 주변 사람들의 도움
그리고 그에 걸맞은 주변의 도움까지 포함된다.

●   학업성취부

공부하되 뇌가
그 기억을 잘 담아줘야
점수가 향상될 것이다.
이것은 그런 면에 초점을
맞추는 부적이다.
다만, 저절로 성적이나
점수가 올라가길
바란다면 욕심이다.

●   족집게부

말 그대로 시험에 나올 것을
미리 알 수 있다면 얼마나 좋을까?
의도가 조금 얄밉기는 하나
그런 욕망을 채워달라는 부적이다.

●   합격부

어딘가에 합격하기 위해서는
공부도 잘해야 하겠지만 그날의
운도 따라줘야 한다고 보았다.
이것은 최종 합격을 목적으로
하는 부적이다.

● 　　　　　　대학시험합격부

아주 구체적인 목표인
대학 합격을 위한 부적이다.

●   운전시험합격부

운전면허 시험에 합격하게
해달라는 부적이다.
상단의 문자는 輪(바퀴 륜)이며
중앙에는 車(수레 차)의 고대 문자가 있다.

시험살풀이부

중요한 시험이 임박하여
잠을 못 이루거나, 복통이 일어나거나,
기억력이 둔해지는 것도
악령들의 방해로 보았기에
그런 것들을 제거하는
시험살풀이부가 나오게 되었다.

종합부적이라 함은 여러 요소를 두루 담은 부적을 말한다. 부적을 내리는 입장에서도 요청이 빼곡한 만큼 시간과 공이 많이 들어가니 비용도 고가인 편이다. 그림이 섞여 있는 경우가 많은데 서예와 문화적 소양이 망라되어 이루어져야 하는 부적이기 때문에 장식성도

10 혼융종합부

매우 뛰어나다. 특정 한가지 목표를 위한 것이 아니므로 유효기간 없는 평생 부적으로 사용하곤 한다.

●   황금재물돈재부

豚(돼지 돈)자가 '돈'과 발음이 같은데
돼지는 금전적 풍요를 상징해서
예로부터 사람들이 선호하는 부적의 소재였다.
돼지의 몸통에는 역시 힘 있는
재물 관련 부적문들이 빼곡하게 쓰여 있다.

●   산왕호재부

호랑이는 권능 있는 산신령을 상징해서
돼지만큼이나 부적에서
사랑받는 동물 중 하나이다.
호랑이 몸에도 만사가 잘 풀리라는 의미의
유력한 부적문들로 가득하다.

●   신농여의부

신농씨는 반신반인의 전설적 존재로
농업의 신이자 약초의 신이며,
차(茶)의 시조로도 알려져 있다.
그림은 신농씨가 모든 풀을 씹어 먹으며
독성과 효과를 확인하는 모습이다.
아래에는 도가의 상징인 태극 팔괘가 있고,
사방에는 만사가 잘 풀리는 부적문이 들어가 있다.

●   신농만복부

신농여의부에 종합적 요청을
두루 보강한 부적이다.
고대의 먹부적을 재현하였다.
이처럼 예술적 의미가 담긴 부적에는
작가의 도장을 넣기도 한다.

● 신농풍요부

신농씨가 농사짓는 그림을 넣어
그 의미를 직접적으로 표현한 부적이다.
이것은 뿌린 만큼 거두어지길 바라는
소박한 소원을 담고 있으며,
먹과 경면주사를 혼합해 작업한 것이다.

神農氏因宜教田闢土種穀以振萬民

●   옥추구령부

도가의 책인 옥추경의 힘을 빌어
도가 신선들의 가피를 부르는 부적이다.

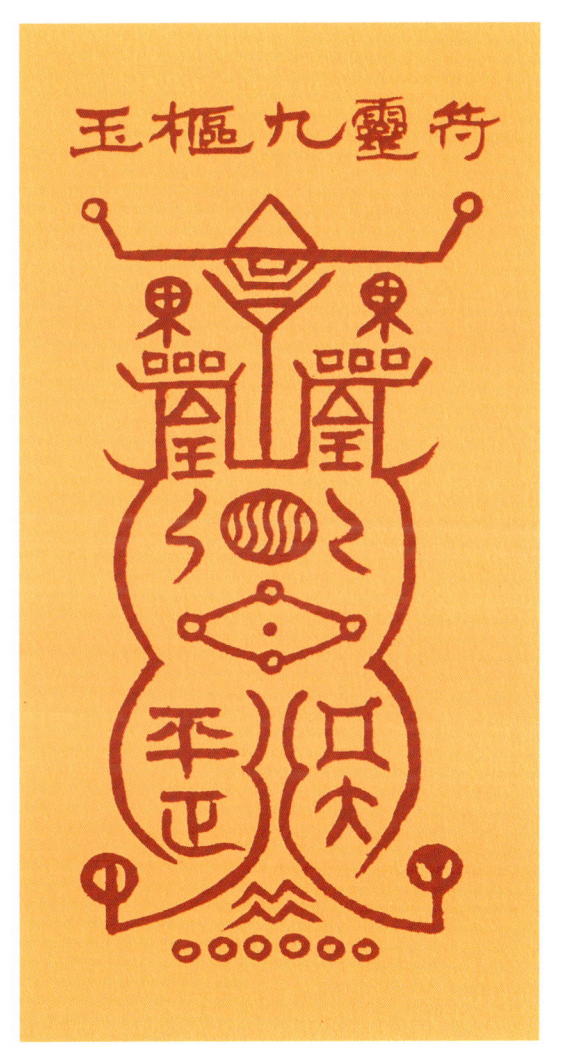

● 　　　　　　　　오뢰부

동서남북, 그리고 중앙의 신들을
부르는 부적으로
우렛소리가 잡귀들을 떨어
도망가게 한다고 한다.
증축, 신축 공사 등을 할 때
토지에 깃든 잡신들을
제압하는 용도의 부적이다.

산왕신대길상

호랑이(산신령)의 가피를 받아
만사가 잘 되게 해달라는 부적이며
하단에는 불로초도 보이니
건강과 장수도 함께 부탁하고 있다.
하늘의 매는 재앙을 잡아먹어 없애는
신령한 존재로 묘사된다.

●   지혜애정안락부

지혜와 사랑, 안락함까지
요구하는 종합 부적이다.

타라만복부

타라보살은 관세음보살의 자비
눈물의 화신으로 불린다.
그녀를 중심에 두고 만사여의부 등
사람이 바라는 모든 요청을
골고루 담은 부적을 둘렀다.
부적이 매우 아름다워 눈길을 끈다.

● 　　　　　　자동방호부

일명 자동경부라고도 하며
종합적인 보호와 가피가
자동으로 배치된다는
전통적인 부적이다.

칠성부

북두칠성의 가피를 요청하며
도가와 불가의 원력을
모두 갖춘 부적으로
우주를 굴리는 4대 원소가
돌아가고 있으며 중앙 시문에는
'천태의 신이 악귀를 벨 것'이라고 쓰여 있다.

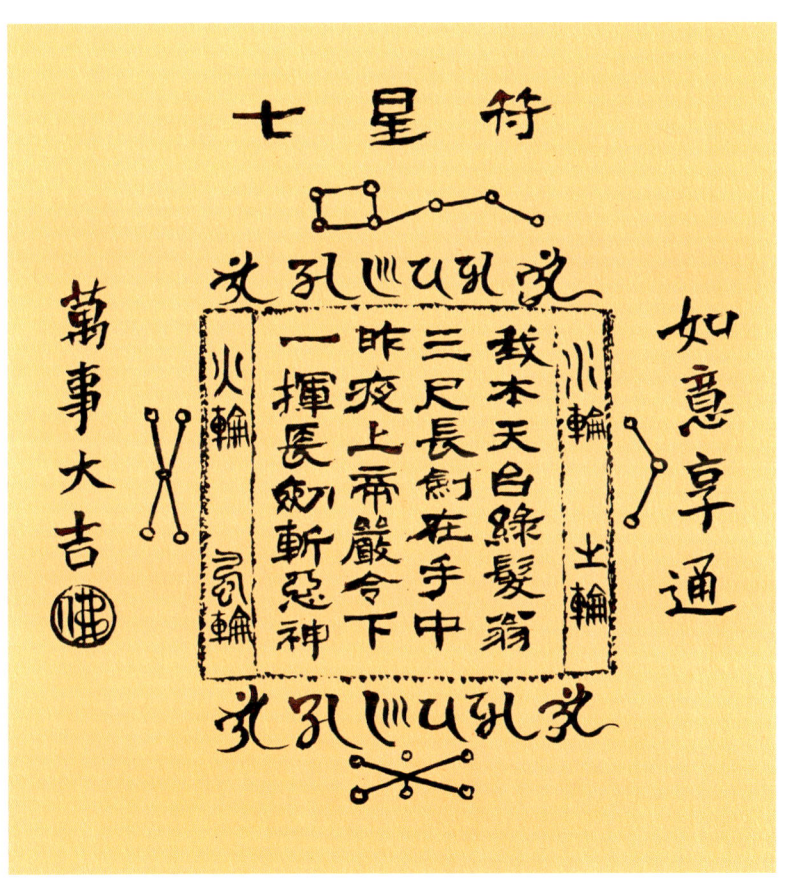

● 적갑부

신라시대 대학자이자 도인이었던
고운 최치원 선생의 작품 부적이다.
소원 성취와 더불어 신변 보호를
요청하는 부적으로 알려져 있다.

●   만사형통산왕대길상부

산왕인 호랑이를 중심으로
인간이 원하는 만사를 이루도록 하는
부적문으로 가득 채웠다.
하단에는 '옴마니밧매훔'을 넣어
견고한 틀을 완성했다.

두려운 것을 피하고, 바라는 것을 당기다
한국의 부적

초판1쇄 인쇄 2025년 10월 21일
초판1쇄 발행 2025년 11월 01일

지은이 타타오(한치선)
펴낸이 최병윤
펴낸곳 운곡서원
출판등록 2013년 7월 24일 제2024-000064호
주소 서울시 은평구 증산로21가길 11-11, 103호
전화 02-334-4045
팩스 02-334-4046

종이 일문지업
인쇄 알래스카인디고

ⓒ한치선
ISBN 979-11-94116-19-6 03180
가격 32,000원

잘못 만들어진 책은 구입하신 서점에서 바꾸어 드립니다.
운곡서원은 리얼북스의 인문, 역사 브랜드입니다.
독자 여러분의 소중한 원고를 기다립니다(rbbooks@naver.com)